Wilhelm G. Grewe

Die deutsche Frage in der Ost-West-Spannung

Wilhelm G. Grewe

Die deutsche Frage in der Ost-West-Spannung

Zeitgeschichtliche Kontroversen der achtziger Jahre

Busse Seewald Herford

Verlag Busse + Seewald GmbH
Herford 1986
Lektorat: Bernhard Gurk
Gesamtherstellung: Busse Druck, Herford
Printed in Germany

ISBN 3-512-00770-8

Inhalt

1980 – 1986

Einleitung

I

Die in diesem Bande zusammengefaßten Beiträge stammen aus den letzten sechs Jahren. Sie handeln sämtlich, wenn auch unter jeweils verschiedenen Blickwinkeln, von einer Grundfrage der deutschen Politik: von der Teilung Deutschlands und den Möglichkeiten seiner Wiedervereinigung. Anders ausgedrückt: von den Bedingungen und Voraussetzungen für die Ausübung des Selbstbestimmungsrechts der Deutschen; von dem Thema also, das man im Laufe der Jahre mit der versachlichten und aller emotionalen oder wertbetonten Färbung entkleideten Formulierung »die deutsche Frage« zu nennen sich gewöhnt hat.

Alle Einzelbeiträge bemühen sich, dieses Thema in den Kontext der europäischen und weltpolitischen Rahmenbedingungen zu stellen, in dem es sinnvollerweise gesehen werden muß.

Ihr Autor war in den fünfziger und frühen sechziger Jahren eng in die Praxis und die Planung der Deutschlandpolitik verwickelt. In späteren Jahren wurde er durch andere Themen absorbiert, lebte weit entfernt vom Zentrum der deutschlandpolitischen Entscheidungen und enthielt sich aller öffentlichen Äußerungen zu diesem Thema.

Nach seiner Rückkehr und seinem Ausscheiden aus dem aktiven diplomatischen Dienst wurden die deutschlandpolitischen Fragen in wachsendem Maße erneut an ihn herangetragen: nicht mehr in der Eigenschaft eines aktiv am Willensbildungs-, Entscheidungs- und Ausführungsprozeß Beteiligten wurde er befragt und zur Stellungnahme gedrängt, sondern vielmehr in der Rolle eines Zeitzeugen, eines rückblickenden »elder statesman« (wenn der Ausdruck erlaubt ist, der hier nur als bloße Berufsbezeichnung gebraucht wird), der vergangene Entwicklungen und Entscheidungen aufzuklären helfen soll und von dem gelegentlich eine ganz persönliche Expertenansicht zu aktuellen Fragen gewünscht wird.

In diesem Sinne handelt es sich in dem hier vorgelegten Band nicht um eine Programmschrift oder einen Diskussionsbeitrag zur gegenwärtigen oder künftigen Deutschlandpolitik. Es handelt sich vielmehr um Beiträge zur Zeitgeschichte, insbesondere zu solchen Aspekten der Zeitgeschichte, die in den vergangenen sechs Jahren Gegenstand kontroverser Auseinandersetzungen waren.

Hierzu glaubt der Verfasser, sowohl als Zeitzeuge wie als Kenner der Materie, einen Beitrag leisten zu können.

II

Die einzelnen Kapitel des hier vorgelegten Bandes sind chronologisch, das heißt in der Zeitfolge, in der sie niedergeschrieben, vorgetragen oder gedruckt wurden, angeordnet. Sie wurden inhaltlich nicht verändert, sondern in der gleichen Fassung belassen, in der sie zum jeweiligen Zeitpunkt konzipiert wurden. Der Verfasser ist sich dessen bewußt, daß er damit eine dreifache Gefahr läuft: Es ist möglich, daß einige zukunftgerichtete Überlegungen durch den tatsächlichen Ablauf der Ereignisse nicht bestätigt worden oder daß sie sogar widerlegt worden sind. Es ist auch möglich, daß einzelne Aussagen, die sich in einem der frühen Beiträge finden, nicht voll im Einklang mit solchen stehen, die später formuliert wurden. Endlich ließ sich nicht ausschließen, daß dem Leser einige Wiederholungen zugemutet werden.

Alles dieses in Rechnung gestellt, hat der Verfasser es gleichwohl für richtig gehalten, außer kleinen Schönheitskorrekturen nichts zu ändern, zu streichen oder zu ergänzen. Nur auf diese Weise läßt sich dokumentieren, wie sich die Erwartungen und Bewertungen in diesen Jahren entwickelt oder verändert haben und wie der Autor in seinen Überlegungen dem entsprochen hat. Das sollte in diesem Band erhalten bleiben.

Die chronologische Anordnung hat zur Folge, daß der systematische Zusammenhang der Einzelbeiträge nicht ohne weiteres erkennbar ist. Mit den folgenden Bemerkungen soll versucht werden, diesen systematischen Zusammenhang zu verdeutlichen.

III

Die Teilung Deutschlands ist ein Erbe der Besatzungszeit. Als die deutsche Wehrmacht kapitulierte, waren die während des Krieges aufgekommenen Pläne für eine Aufteilung Deutschlands bereits überholt. Die später eingetretene Teilung ergab sich vielmehr ohne zielbewußte Planung aus der Eigenentwicklung der vier Besatzungszonen, aus dem Zerwürfnis der Siegermächte, aus den Bedingungen des zwischen ihnen einsetzenden kalten Krieges. Nicht bestätigt und nicht durchgesetzt haben sich die Thesen einer zeitweilig vor allem unter amerikanischen Historikern und Publizisten aufgekommenen »revisionistischen« Denkschule, die den Nachweis erbringen wollten, daß dieser »kalte Krieg« der Sowjetunion vom Westen, insbesondere von den Vereinigten Staaten, aufgezwungen worden sei, gleichsam als die außenpolitische Kehrseite ihres aggressiven Antikommunismus, wie er in den frühen fünfziger Jahren von fanatischen Kommunistenjägern wie dem Senator Joseph McCarthy mit hemmungslos demagogischen Methoden praktiziert wurde. Es ließ sich, bei aller kritischen Überprüfung der zugänglichen Quellen – vor allem der amerikanischen, deren sich die »Revisionisten« hauptsächlich bedient hatten – nicht hinwegdisputieren, daß es die spätstalinistische Expansionspolitik der ersten Nachkriegsjahre gewesen ist – mit ihren Höhepunkten wie der kommunistischen Gleichschaltung Polens, Jugoslawiens, Bulgariens, Rumäniens, Ungarns, mit der Entfachung und Unterstützung des griechischen Bürgerkrieges, mit der Blockade Berlins und der Errichtung des SED-Regimes in ihrer Besatzungszone, mit der Unterstützung des Überfalls auf Süd-Korea – die der Siegerkoalition des Zweiten Weltkrieges ein Ende machte und den Westen zu einer Politik der Eindämmung, des »Containment« nötigte, in deren Durchführung es zur

Truman-Doktrin (die vor allem eine Schutzgarantie für Griechenland und die Türkei war), zum Marshall-Plan, zum Nordatlantischen Bündnis und zur Bewaffnung der Bundesrepublik Deutschland kam. Im Westen wurde endlich erkannt, daß die Begriffe Demokratie, freie Wahlen, Frieden, Koexistenz in sowjetischem Munde das Gegenteil von dem bedeuteten, was man in der gesamten freien Welt darunter verstand, und daß die freiheitlichen Gesellschafts- und Staatsstrukturen des Westens nur bewahrt werden konnten, wenn sie durch eine starke Verteidigungsmacht geschützt wurden.

Amerikanische Historiker in wachsender Zahl widersprachen der revisionistischen These. In der euphorischen Stimmung der Entspannungsperiode in den siebziger Jahren wurden manche von ihnen allerdings selbstkritischer und schlossen die Möglichkeit nicht mehr aus, daß sich beide Seiten mit ihren gegenseitigen Feindbildern übertriebenen Befürchtungen hingegeben hatten. Sie rückten jedoch die historischen Fakten zurecht und widerlegten die anklägerischen Behauptungen der Revisionisten von der ausschließlichen oder überwiegenden Verantwortlichkeit der amerikanischen Politik für den Ausbruch des kalten Krieges. Neue sowjetische Expansionsunternehmungen am Anfang der achtziger Jahre, insbesondere die Besetzung Afghanistans, waren nur geeignet, sie darin zu bestärken.

In diesen Zusammenhängen, in der Rolle Deutschlands im kalten Krieg, liegen die Wurzeln der vielfach verschlungenen deutschen Frage, und ohne diesen Hintergrund ist sie nicht zu verstehen. Mit ihm befaßt sich Kapitel 7, wobei sich der Verfasser bemüht, den besonderen Charakter des Deutschland auferlegten Besatzungsregimes durch einen Vergleich mit dem japanischen zu erhellen.

Das Besatzungsregime fand sein Ende mit dem Deutschland-Vertrag, der in seiner ursprünglichen Form, verknüpft mit dem Projekt einer Europäischen Verteidigungsgemeinschaft, am 26. Mai 1952 unterzeichnet wurde; nach dem Scheitern dieses Doppelvertrages am Widerstand der Französischen Nationalversammlung wurde das EVG-Projekt durch die Aufnahme der Bundesrepublik in das NATO-Bündnis ersetzt. Die am 23. Oktober 1954 unterzeichneten Pariser Verträge öffneten den Weg zur Souveränität der Bundesrepublik, die im Mai 1955 wirksam wurde. Für die deutsche Frage wurden damit Entscheidungen von großer Tragweite getroffen: Angesichts der Tatsache, daß keine denkbare Lösung der deutschen Frage sichtbar war, entschied sich die Bundesrepublik für die enge Verbindung mit dem Westen, mit der europäischen Gemeinschaft und der Atlantischen Allianz. Sie hielt sich jedoch die Wiederherstellung der deutschen Einheit offen, verpflichtete die Westmächte auf eine gleichgerichtete Politik und stellte die Frage der künftigen Grenzen Deutschlands unter den Vorbehalt eines noch zu schließenden Friedensvertrages. Dies war die für lange Zeit gültige und ihren Standort bestimmende »Grundentscheidung der Bundesrepublik« (Kapitel 4).

Daß sie getroffen wurde, ohne daß der damalige Bundeskanzler, Konrad Adenauer, die kurz vor dem Abschluß der Verhandlungen über den Deutschland-Vertrag an die Regierungen der Westmächte gerichtete Note Stalins vom 10. März 1952 auf die Ernsthaftigkeit der Absichten Stalins und deren Zielrichtung »ausgelotet« hatte, ist bis zum heutigen Tage der Kristallisationspunkt für eine Legende der »verpaßten Gelegenheit«, der angeblich letzten Möglichkeit für die Wiedervereinigung Deutschlands oder, wie es neuerdings heißt, der »vertanen Chance«. Daß es sich um eine Legende handelt und die »vertane Chance« nur eine Chimäre ist, wird in den Kapiteln 3, 10 und 11 dargelegt.

Zielte diese Legende von jeher auf die Deutschlandpolitik Adenauers im Ganzen, so lag es nahe, sie durch flankierende Argumentationen zu stützen: durch die Behauptung, Adenauer habe nicht nur Stalins Angebot eines neutralisierten Deutschland abgelehnt, sondern darüber hinaus auch jede andere Form einer Wiedervereinigung Deutschlands »hintertrieben«. Zum Beweise dafür stützt man sich auf Dokumente aus dem Jahre 1955, die neuerdings aus amerikanischen und englischen Archiven zum Vorschein gekommen sind. Dies wird verbunden mit einer auf eben solche Dokumente gestützten Kritik der Adenauerschen

Moskau-Reise von 1955, die als rein innenpolitisch motiviertes Manöver, als außenpolitischer Fehlschlag und in bezug auf die deutsche Frage als weiterer Beweis dafür angeführt wird, daß er, »ähnlich wie die Sowjets, viel zu sehr an der Beibehaltung der Teilung Deutschlands interessiert war, als daß er diese Frage zu einem wirklichen Verhandlungsgegenstand mit den Sowjets gemacht hätte«.

Daß alle diese Argumente auf schwachen Füßen stehen, daß die britischen und amerikanischen Dokumente ganz ungeeignet sind, das zu belegen, was sie angeblich beweisen, wird in Kapitel 10 dargelegt.

Im Laufe der seitdem, seit der ersten Hälfte der fünfziger Jahre, verstrichenen drei Jahrzehnte hat die deutsche Frage naturgemäß ihr Gesicht gewandelt und haben sich die Umfeldbedingungen tiefgreifend verändert.

Stand sie in den Anfangsjahren der Bundesrepublik zusammen mit der Frage der militärischen Sicherheit, des wirtschaftlichen Wiederaufbaus und des europäischen Zusammenschlusses im Mittelpunkt der Außenpolitik, so traten späterhin in wachsendem Maße andere Aufgaben hinzu: Entwicklungshilfe, Umweltschutz, technologischer Fortschritt, kulturelle Zusammenarbeit, Schutz der Menschenrechte, Abwehr von Störungen des Weltwirtschaftssystems, Abrüstung und Rüstungskontrolle. Der Stellenwert der Deutschlandpolitik im Gesamtzusammenhang aller außenpolitischen Aufgaben neuer Art wird im Kapitel 9 beschrieben.

Verändert hat sich im Laufe der Jahre vor allem auch das weltpolitische Umfeld. An die Stelle des rüstungstechnologischen Vorsprungs der Vereinigten Staaten war ein prekäres nukleares Patt zwischen den beiden Supermächten getreten, das dazu beitrug, den Status quo zu verhärten, den Eisernen Vorhang zwischen Ost und West zu verstärken und jeden Versuch der einen oder anderen Seite, an ihm zu rütteln, von vornherein zu vereiteln.

Eine Bestandsaufnahme (Kapitel 1) mußte zu Beginn der achtziger Jahre davon ausgehen, daß sich die Krisenherde der Weltpolitik verlagert hatten: Das geteilte Deutschland war aus dem

Sturmzentrum der Krisenherde verschwunden. Es kam damit in den Genuß von Vorteilen dieser Abseitsposition, ohne daß sich die Aussichten für eine Lösung der deutschen Frage verbesserten.

Das Interesse der westlichen Bündnispartner an einer Lösung der deutschen Frage im Sinne einer Wiedervereinigung der beiden im Laufe der Teilung entstandenen Staaten, zu der sie sich im Deutschland-Vertrag bekannt hatten, wurde spürbar schwächer. Schon ein Blick auf die Tagesordnungen der amerikanisch-sowjetischen Gipfelbegegnungen seit den Tagen Roosevelts und Stalins zeigt, wie die Frage der künftigen Gestalt Deutschlands, die am Ende des Krieges beherrschend im Vordergrund gestanden hatte, immer mehr an Gewicht verlor und im Laufe der sechziger Jahre als Gesprächsthema auf dieser Ebene völlig von der Bildfläche verschwand (Kapitel 6).

Mit diesem diplomatischen Prozeß lief ein Stimmungswandel in der amerikanischen Öffentlichkeit einher, der in der Bundesrepublik von manchen Beobachtern mit Besorgnis und Bedauern verfolgt wurde: das sich bei den meisten Amerikanern verstärkende Gefühl, daß die deutsche Frage kein Gegenstand praktischer Politik mehr sei, daß es bei dem Status quo der Teilung bleiben werde und bleiben müsse und daß sich die Deutschen selbst damit abgefunden hätten. Was sich auch immer an Kritischem dazu sagen ließ – nüchterner Realitätssinn und selbstkritische Prüfung durften den deutschen Beobachter nicht vergessen lassen, daß man den Amerikanern nie eine plausible Antwort auf die ihnen vor allem wichtig erscheinende Frage hatte geben können, auf welchem gewaltlosen Wege man in Deutschland glaubte, zur Wiederherstellung der Einheit gelangen zu können; und weiterhin, daß man nach den schmerzhaften Verzichten, zu denen sich die deutsche Ostpolitik zu Beginn der siebziger Jahre in bezug auf die Existenz der DDR als Staat und auf die Ostgrenzen durchgerungen hatte, von den Amerikanern nicht erwarten konnte, daß sie standhafter an dem Ziel der deutschen Einheit festhielten und einige Rechtsvorbehalte zu den Ostverträgen ernster nahmen als es der Text dieser Verträge oder gar die Interpretation nahelegten, die ihm in den Reden mancher deutscher

Politiker und den Kommentaren vieler deutscher Publizisten gegeben wurden (Kapitel 5).

Eine kritische Prüfung, wie weit in der deutschen Frage eine Übereinstimmung der Interessen zwischen der Bundesrepublik und ihren westlichen Bündnispartnern besteht, muß davon ausgehen, daß auch in den Jahren 1952/54, als man sich im Deutschland-Vertrag auf eine gemeinsame Politik der Wiedervereinigung festlegte, auf westlicher Seite erhebliche Hemmungen und Widerstände bestanden, dir nur mühsam überwunden werden konnten; daß diese Politik vor allem zwei Bedingungen unterlag, die teils ausdrücklich, teils unausgesprochen, aber nicht minder unverkennbar dem Vertragsschluß zugrunde lagen. Unter Wiedervereinigung wurde stets nur die Zusammenführung von Bundesrepublik, DDR und Berlin verstanden; eine Verpflichtung auf die Grenzen von 1937 sind die Westmächte nie eingegangen. Es blieb bei der Potsdamer Formel, daß die Grenzfrage einem Friedensvertrag vorbehalten bleibe und eine Unterstützung deutscher Vorstellungen auf einer Friedenskonferenz wurde nie versprochen. Zum anderen ließ der Vertragstext keinen Zweifel, daß der Westen der deutschen Einheit nur zustimmen würde, wenn es sich um ein demokratisches und mit Europa verbundenes Deutschland handeln würde (Kapitel 8).

Es gab damals und es gibt heute in der Bundesrepublik Stimmungen und Strömungen, die an beiden Bedingungen Anstoß nehmen. In den Kreisen der Vertriebenen und ihrer Verbände gibt es noch immer Bemühungen, der Potsdamer Formel von den »Grenzen von 1937« eine Bedeutung beizumessen, die sie nun einmal nicht besitzt. Der Versuch, die deutsche Frage damit zu verknüpfen, ist nur geeignet, ihre Lösung noch schwieriger zu machen, als sie es ohnehin schon ist. Zum anderen gibt es bei den Grünen und ihnen gesinnungsverwandten Gruppen noch immer den Glauben an die Möglichkeit und Existenzfähigkeit eines neutralisierten Deutschland zwischen den großen Blöcken in Ost und West. Wer den Bedingungszusammenhang von Frieden, Freiheit und Sicherheit durchdenkt, kann nur zu dem Ergebnis kommen, daß dies eine Chimäre, eine illusionäre Wunschvorstellung ist, und daß es seit 1945 für Westeuropa ebenso wie für die Bundesrepublilk keine Sicherheit und keine Freiheit ohne die Verbindung mit den Vereinigten Staaten und ohne ihre militärische Präsenz in Europa gibt; und daß die Bewahrung des Friedens durch diese Verbindung besser und zuverlässiger gesichert ist als durch ein machtpolitisches Vakuum in der Mitte Europas (Kapitel 2).

Wilhelm Grewe

Bonn/Königswinter, im Herbst 1986

1. Das geteilte Deutschland und die weltpolitische Lage

Bestandsaufnahme am Beginn der achtziger Jahre
– 1980 –

Die Erklärung, mit der Bundeskanzler Helmut Schmidt am 20. März 1980 die Bundestagsdebatte »zur Lage der Nation« eröffnete, begann mit dem Satz: »Die Lage unserer geteilten Nation und die weltpolitische Entwicklung sind unlösbar miteinander verbunden.«

Dieser Satz läßt sich nach zwei Richtungen interpretieren. Man kann ihn einmal dahin verstehen, daß die Überwindung der deutschen Teilung nur im Zuge einer weltpolitischen Entwicklung denkbar ist, die dafür entsprechend günstige Voraussetzungen schaffen müßte; oder negativ ausgedrückt: daß sie ausgeschlossen bleibt, solange die gegenwärtige weltpolitische Konstellation (das heißt vor allem der Ost-West-Gegensatz mit allen seinen Konsequenzen) fortbesteht. Dementsprechend endete die Erklärung des Bundeskanzlers mit der Feststellung: »Was die Zukunft der deutschen Nation betrifft, so müssen wir nüchtern feststellen, daß die politischen Konstellationen in der Gegenwart keine Möglichkeiten bieten, die Teilung Deutschlands in zwei Staaten zu überwinden.« Niemand kann dem widersprechen.

Man kann den Anfangssatz aber auch so verstehen, daß er besagen will: Die weltpolitische Entwicklung wird wesentlich von der Lage unserer geteilten Nation bestimmt (oder wenigstens beeinflußt).

Diese Deutung enthielt einmal eine zutreffende Feststellung; heute trifft sie nicht mehr zu.

25 Jahre lang war das geteilte Deutschland ein für die weltpolitische Lage bestimmender Faktor. Das galt selbst im Augenblick unserer größten und vollständigsten Macht- und Hilflosigkeit: Das Kernstück des Potsdamer Abkommens von 1945 war die provisorische Regelung aller Deutschland betreffenden Angelegenheiten in einem von vier Besatzungsmächten regierten Restgebiet des Reiches.

Marshall-Plan, Berlin-Blockade, Gründung der Bundesrepublik und der DDR bezeichnen Höhepunkte des kalten Krieges in den Jahren 1947 bis 1949, die sich aus den Problemen des geteilten Deutschlands ergaben. 1954/55 standen diese Probleme auf der Tagesordnung der großen Viererkonferenzen von Berlin und Genf. 1958/61 beherrschten sie die jahrelange Krise, die mit Chruschtschows Ultimatum begann und in dem Bau der Berliner Mauer gipfelte.

Als nach der Kuba-Krise von 1962 die allmähliche Wendung zur Entspannungspolitik begann, spielten auch dabei die deutschen Probleme eine entscheidende Rolle: Die in Reykjavik 1968 vom Westen vorgeschlagenen Verhandlungen über einen beiderseitigen ausgewogenen Truppenabbau zielten in erster Linie auf Deutschland – nicht anders als der Vertrag über die Nichtverbreitung von Kernwaffen oder der sowjetische Vorschlag für eine europäische Sicherheitskonferenz. Anfang der siebziger Jahre noch beherrschten die deutschen Probleme den Verlauf der weltpolitischen Entwicklung: Ost-Verträge, Berlin-Abkommen, Grundvertrag und KSZE waren entscheidende Elemente der Entspannungspolitik, die damals ihren Höhepunkt erreichte.

Verlagerung der Krisenherde

Als diese Karten ausgespielt waren, wandelte sich die Szene sehr rasch: In der ersten Hälfte der siebziger Jahre, besonders ab 1975 (Helsinki) verschwand das geteilte Deutschland aus dem Sturmzentrum der weltpolitischen Krisen.

Das will nicht besagen, daß das politische Gewicht Deutschlands abgenommen hätte. Im Gegenteil, das Gewicht der Bundesrepublik hat zugenommen, aber es wirkt sich bei Problemen aus, die jenseits der deutschen Frage liegen: bei der Ordnung der Weltwirtschaft, beim Nord-Süd-Konflikt, in Namibia, in der atlantischen Rüstungspolitik.

In den Vordergrund der weltpolitischen Entwicklung rückten zunehmend andere Fragen: Vietnam, der Nahe Osten, Afrika, neuerdings Zentralasien.

Dieser Abwendung des allgemeinen öffentlichen Interesses von den deutschen Fragen entspricht natürlich auch – und das ist der positive Aspekt dieser Entwicklung – eine Verlagerung der Krisenherde: sie liegen im Augenblick nicht mehr in Mitteleuropa, und diese für uns sicher erfreuliche Entwicklung hat viele deutsche Politiker dazu verführt, die in anderen Teilen der Welt existierenden Krisenherde weniger wichtig zu nehmen und sie für Störfaktoren zu halten, die uns nur sehr entfernt und mittelbar angehen. Darauf bauen sich politische Konzepte auf, die Afghanistan für einen Konflikt der Sowjetunion mit der Dritten Welt halten (oder zu halten vorgeben), der die Entspannung in Europa nicht berühren dürfe.

Über Afghanistan später. Die augenblickliche Konzentration des Interesses der Weltöffentlichkeit auf Zentralasien (Iran, Afghanistan) darf jedoch nicht darüber hinwegtäuschen, daß es eine Reihe anderer, gefährlicher Krisenherde auf der Welt gibt: Die Eroberung Kambodschas durch die Vietnamesen ist keineswegs vollendet; die chinesisch-vietnamesische Spannung besteht fort (noch vor kurzem hat der chinesische Staats- und Parteichef Hua Guofeng den Vietnamesen mit einer neuen »Lektion« gedroht). Die weitere Konsolidierung der Asean-Gruppe ist das hoffnungsvollste Entwicklungselement in dieser Region. Außenminister Genscher hat das frühzeitig erkannt und sich ein großes Verdienst damit erworben, die Asean-Gruppe an die EG heranzuführen (Konferenz in Kuala Lumpur im März 1980).

Kein akutes Krisengebiet ist gegenwärtig der Ferne Osten. Das Wort »akut« soll andeuten, daß ein latentes Krisenpotential auch in dieser Region nicht fehlt. Es ist vor allem in der nach wie vor spannungs- und konfliktträchtigen Beziehung zwischen Nord- und Südkorea zu finden, deren undurchsichtige und mehrfach unterbrochene Wiedervereinigungs- und Ausgleichsgespräche Anfang April 1980 unter gegenseitigen Beschuldigungen betreffend Grenzprovokationen wieder abgebrochen und vertagt wurden. Zwar hat die Ermordung des Diktators Park zu keinen innenpolitischen Erschütterungen geführt, die Nordkorea in Versuchung hätten führen können, im südlichen Nachbarland im Trüben zu fischen. Aber die innere Lage in Südkorea ist noch nicht konsolidiert und bleibt ungewiß. Der Abzug der amerikanischen Truppen ist gestoppt worden und dürfte nach den Ereignissen der Jahreswende 1979 kaum fortgesetzt werden. Es ist jedoch symptomatisch für die heutige Weltlage, daß die im Verlauf der Afghanistan-Krise vorgenommene amerikanische Flottenkonzentration im Indischen Ozean dazu geführt hat, daß es jetzt zum ersten Male seit dem Ende des Krieges keinen US-Flugzeugträger im Pazifik gibt. Sollte es in näherer Zukunft zu einem neuen Korea-Konflikt kommen, so wird nur der sowjetische Flugzeugträger »Minsk« in den Gewässern jener Region kreuzen.

Die Japaner haben unter dem Eindruck des amerikanischen Disengagement nach dem Vietnam-Debakel zwar angefangen, in Verteidigungsfragen etwas realistischer zu denken als in vergangenen Jahren, in denen sie glaubten, sich ohne jede Gegenleistung auf den militärischen Schutz der Vereinigten Staaten verlassen zu können und alle ihre Kräfte auf eine wirtschaftliche Expansion konzentrieren zu können. Die Einstellung der japanischen Öffentlichkeit zu den eigenen (häufig als verfassungswidrig angesehenen) Streitkräften hat sich verändert, ist positiver geworden, die Verteidigungsanstrengungen sind intensiviert worden – aber sie sind immer noch weit davon entfernt, die Verminderung der amerikanischen militärischen Präsenz auch nur teilweise kompensieren zu können. Der japanische Verteidigungshaushalt steht immer noch bei 0,9 Prozent des BSP, mit Abstand der niedrigste Anteil weit und breit, wenngleich in absoluten Ziffern immerhin an achter Stelle in der Welt dastehend.

Die Ungeduld der Amerikaner, bei fortdauernden Handelsbilanzdefiziten im Verkehr mit dem asiatischen Wirtschaftsriesen den unzulänglichen Verteidigungsanstrengungen dieses Landes zuzusehen, dessen wirtschaftliche Existenz von seinen Seeverbindungen abhängt und dessen Energieversorgung zu 53 Prozent auf Öleinfuhren aus der Golfregion beruht, ist deutlich im Wachsen.

Wenn es im Gefolge der Afghanistan-Krise zu einer sinnvollen und langfristigen westlichen Gesamtstrategie kommen soll, so wird Japan dazu einen wesentlichen Beitrag leisten müssen. Ob sich die Japaner dazu ohne den Zwang eines regionalen Katastrophenfalles (wie zum Beispiel eines neuen Koreakrieges oder eines sowjetisch-chinesischen Konflikts) durchringen werden, ist eine Frage, die sich noch immer nicht eindeutig beantworten läßt. Auch die bevorstehenden Unterhauswahlen, bei denen sich erneut entscheiden muß, ob sich die seit 25 Jahren regierende LDP alleim am Ruder halten kann oder zu einer Koalition gezwungen sein wird, werden diese Frage nicht klären.

Explosive Lage im Nahen Osten

Ungleich explosiver als im Fernen Osten ist und bleibt die Lage im Nahen Osten. Die neuerliche Reise von Sadat und Begin nach Washington zeigt deutlich, daß die vor 1½ Jahren in Camp David erzielte ägyptisch-israelische Verständigung nicht einmal im bilateralen Verhältnis zwischen beiden Partnern, geschweige denn im Verhältnis zur übrigen arabischen Welt, tragfähige Lösungen erbracht hat.

Die Revolution im Iran hat sich auch auf die Chancen der Verbreiterung des ägyptisch-israelischen Separatfriedens negativ ausgewirkt: Khomeini hat nicht lange gezögert, Arafat einzuladen und für die Sache der Palästinenser und der arabischen Verweigerungsfront Partei zu ergreifen. Eines allerdings wird man festhalten dürfen: Wie schwierig auch immer die weiteren Verhandlungen zwischen Ägypten und Israel sein mögen – der Abschluß des Friedensvertrages, die Aufnahme der diplomatischen Beziehungen und der inzwischen erreichte Stand der Annäherung zwischen den beiden Staaten läßt praktisch die Möglichkeit eines neuen Krieges im Stile von 1967 oder 1973 als ausgeschlossen erscheinen – und damit auch das Risiko eines direkten sowjetisch-amerikanischen Zusammenstoßes, wie er damals in beiden Fällen bestanden hatte. Auch eine Rückkehr der Sowjets und ihres Einflusses nach Ägypten ist höchst unwahrscheinlich. Sadat ist auf sowjetische Waffen nicht mehr angewiesen und hat sich langfristig nach Amerika und Westeuropa orientiert.

Die arabische Welt um ihn herum bietet jedoch, aus westlicher Sicht, eine weniger günstiges Bild: In der Demokratischen Volksrepublik Jemen (Süd-Jemen, Aden) hat sich die Sowjetunion eine feste Plattform für vielfältige Zwecke geschaffen: für die Kontrolle des Roten Meeres, für die Einschüchterung der Republik Jemen und des Scheichtums Oman, für subversive Aktionen in Saudi-Arabien (wo die Besetzung der Moschee von Mekka höchstwahrscheinlich von Aden aus unterstützt, wenn nicht organisiert worden ist).

Nicht ganz so folgsam wie die kommunistische Regierung in Aden, aber doch von Sowjet-Waffen abhängig, in ihrer Ideologie antiamerikanisch und daher aufgeschlossen für sowjetische Führung sind die halbsozialistischen Regime in Algerien, Libyen und Syrien. Der Irak, früher auf ähnlicher Linie liegend, befindet sich im Zustand einer allmählichen Lockerung seiner Bindungen zu Moskau.

Die früher überwiegend pro-westlichen oder ausgesprochen pro-amerikanischen arabischen Monarchien und Scheichtümer, vor allem Saudi-Arabien, Oman, die Vereinigten Emirate, Kuwait, aber auch Jordanien – sie alle leben im Schatten des Palästinenser-Problems, innerer sozialer Instabilität und schwindenden Vertrauens in die Verläßlichkeit und Effizienz amerikanischer Unterstützung.

Für eine Festigung der westlichen Position in der Region des Persischen Golfes ist eine Bereinigung, zum mindesten Beruhigung der Palästinenser-Frage von größter Bedeutung und Tragweite.

Die Politik des Westens steht daher vor dem Dilemma: Wie

kann man, ohne Israel preiszugeben, einer Lösung dieser Frage näherkommen und damit das feindselig-skeptische Mißtrauen der arabisch-islamischen Völker dieser Region überwinden?

Dilemma in Afrika und Südamerika

Auch in anderen Weltgegenden sehen sich die Amerikaner – und zum Teil wir mit ihnen – in einer ähnlichen Dilemma-Situation: Wie kann man, besonders nach der jüngsten Entwicklung in Simbabwe-Rhodesien, den friedlichen Übergang zu schwarzen Mehrheitsregierungen fördern und das Eingreifen kubanischer und anderer Söldner verhüten, ohne zugleich den Untergang eines weißen Südafrika zu beschleunigen?

Ein drittes Dilemma stellt sich den Vereinigten Staaten in Lateinamerika: Wie kann man die in ihrer sozialen Struktur dringend reformbedürftigen, diktatorisch regierten Länder Mittel- und Südamerikas sanieren, ohne sie dem Kommunismus kubanischer Prägung in die Arme zu treiben? In Nicaragua ist diese Aufgabe verfehlt worden. San Salvador mag folgen. In den großen, unter Militärregimen lebenden Staaten des südamerikanischen Kontinents, in Brasilien, Argentinien, Chile, Peru, mögen die Fragestellungen differenzierter und komplexer sein. Immer aber steht man vor dem Problem der unvermeidbaren Kooperation mit Regimen, die den demokratischen Überzeugungen der amerikanischen Öffentlichkeit zuwider sind.

Afghanistan und die Folgen

Es kann hier nicht näher auf die Probleme Afrikas und Lateinamerikas eingegangen werden. Wenden wir uns jenen Ereignissen zu, die im letzten Vierteljahr der weltpolitischen Entwicklung eine neue Wendung gegeben haben – das heißt der Krise um Afghanistan.

Halten wir uns nicht lange mit der Deutung der sowjetischen Motive für diesen Schritt auf. Überwiegend ist man sich wohl einig darüber, daß diese Motive für die Beurteilung des Vorgangs nur von untergeordneter Bedeutung sind. Es spielt keine entscheidende Rolle, ob man die sowjetische Aktion als unausweichliche Konsequenz einer Zwangslage ansieht, in die der Kreml durch die akute Gefährdung des von ihm seit zwei Jahren unterstützten kommunistischen Regimes in Kabul geraten war – oder um einen planmäßigen Schritt auf dem Wege der Expansion zum Indischen Ozean hin und zur Beherrschung der Ölquellen der Golfregion. Auch wenn man die erste Deutung für wirklichkeitsnäher hält, bleibt die Tatsache unbestreitbar, daß die Besetzung Afghanistans objektiv auch weitreichenden Expansionszielen dienlich ist. Die inzwischen durchgeführte Dislozierung der sowjetischen Besatzungstruppen (die mehr an der relativ friedlichen West-Grenze zum Iran hin als in der umkämpften Ostregion zwischen Kabul und der pakistanischen Grenze am Kyber-Pass konzentriert sind) spricht dafür, daß man in Moskau diese Bedeutung des afghanischen Unternehmens nicht vernachlässigt. Der Westen steht jedenfalls, wie Wolfgang Wagner zutreffend analysiert hat (Europa-Archiv 5/1980, S. 143), vor drei neuen Tatsachen:

1. Durch die Besetzung Afghanistans ist die Sowjetunion in den Besitz von Flughäfen gelangt, von denen aus ihre Kampfflugzeuge zu der für die Ölversorgung der westlichen Welt entscheidenden Straße von Hormuz nur noch die Hälfte des Weges zurücklegen müßten, den sie von Flugplätzen auf Sowjet-Territorium hätten.
2. Sowjetische Truppen stehen zum ersten Mal an der Grenze Pakistans.
3. Während Sowjettruppen bisher nur nördlich des Irans standen, können sie dieses Land künftig auch von Osten bedrohen.

Vor mehr als 70 Jahren, 1907, als England und Rußland ihren Vertrag über die Abgrenzung der beiderseitigen Einflußsphären in Persien schlossen und Afghanistan der britischen Einflußsphäre zugerechnet wurde, ging es um die Sicherheit Indiens. Nur unter diesem Gesichtspunkt war Afghanistan politisch für die Großmächte interessant. Heute ist es wegen seiner Bedeutung für die

Kontrolle der Golfregion wieder wichtig geworden. Es läßt sich nicht leugnen, daß Moskau einer Kontrolle dieser Region und ihrer für die Energieversorgung der westlichen Welt entscheidend wichtigen Ölquellen einen erheblichen Schritt näher gekommen ist. Sollte es diese Kontrolle ganz in seine Hände bekommen, so wäre die wirtschaftliche Existenz der westlichen Welt von Moskau abhängig. Und da eine moderne Kriegsmaschine nicht ohne Öl funktioniert, könnte auch diese von Moskau aus gelähmt werden.

Eine solche Situation, in der der Westen ohne jeden direkten Schußwechsel mit der Sowjetunion in seinem Lebensnerv getroffen und wehrlos gemacht werden könnte, hat es bisher noch nie gegeben. Es war zwar übertrieben, wenn Präsident Carter den Einfall der Russen in Afghanistan das gefährlichste Ereignis seit dem Zweiten Weltkrieg nannte; aber es war nicht übertrieben, wenn er etwas später, sich selbst korrigierend, sagte, aus der Afghanistan-Krise könne sich die gefährlichste Situation seit 1945 entwickeln.

Eine der bedenklichsten Nebenfolgen dieser die Lebenslinie des Westens bedrohenden Krise ist ihre die Solidarität und politische Geschlossenheit des Atlantischen Bündnisses zersetzende Wirkung. Amerika ist enttäuscht über die mangelhafte Solidarität der europäischen Verbündeten. Soweit sie wenigstens verbal die Position der Vereinigten Staaten unterstützt hätten, hätten sie doch keine Bereitschaft gezeigt, ihren Worten entsprechende Taten folgen zu lassen.

Viele Europäer andererseits glauben, daß die Amerikaner einer Überreaktion anheimgefallen seien; daß die Ereignisse in Afghanistan eine bewußte Preisgabe der Entspannungspolitik und eine Gefährdung ihrer Errungenschaften nicht rechtfertigten; daß die amerikanische Regierung es wieder einmal an Unterrichtung und Konsultation der verbündeten Regierungen habe fehlen lassen und daß sie es bisher nicht vermocht habe, diese davon zu überzeugen, daß hinter ihren Worten und Maßnahmen eine wohldurchdachte und erfolgversprechende langfristige Strategie stehe.

Diese gegenseitige Kritik ist beiderseits nicht unbegründet.

Was die Solidarität der Europäer anlangt, so bemühte sich

unter den europäischen Regierungen Margaret Thatchers konservative Regierung am stärksten, sich der amerikanischen Politik anzupassen, insbesondere mit ihrer raschen und dezidierten Zustimmung zum Boykott der Olympischen Spiele in Moskau. Die stärkste Distanz zu Washington wahrte die französische Regierung, die sich nicht scheute, den Plan eines informellen europäisch-amerikanischen Außenminister-Treffens in Bonn zu Fall zu bringen, nachdem dieser Plan von Washington vorzeitig bekanntgegeben worden war, noch dazu in einer Form, die den französischen Vorstellungen von dem Charakter dieses Treffens nicht entsprach. Die Bonner Regierung bewegte sich auf einer mittleren Linie, wich einer frühzeitigen Festlegung auf den Olympia-Boykott aus, erklärte sich zwar entschlossen, alles in ihrer Macht Stehende zu tun, um zu verhindern, daß deutsche Lieferungen die Lücken ausfüllen, die durch amerikanische Wirtschaftssanktionen verursacht würden, begrenzte jedoch zugleich die Bereitschaft, sich an solchen Sanktionen zu beteiligen (Maßnahmen nur im Rahmen der Cocom-Vereinbarungen, keine Verletzung laufender Verträge, keine Einstellung der Hermes-Bürgschaften). Auf nachdrückliches Insistieren Washingtons beschloß die Bundesregierung schließlich, die schon vor Jahren von allen NATO-Staaten zugesagte Erhöhung der Verteidigungsausgaben um drei Prozent durchzuführen, ließ jedoch zugleich durchblicken, daß sie die für die Türkei bestimmte Finanzhilfe auf ihren Verteidigungsbeitrag anzurechnen gedenke.

Alles dieses war kein besonders eindrucksvolles Lehrstück an Bündnissolidarität.

Die westliche Strategie bedarf konkreter Zielvorstellungen

Andererseits müssen sich die Amerikaner sagen lassen, daß sie keinen Grund hatten, sich von Moskau getäuscht, betrogen und hinterlistig mit einem Überraschungscoup übertölpelt zu fühlen. Seit fast zwei Jahren war in Kabul ein von Moskau gestütztes kommunistisches Revolutionsregime an der Macht. Jedermann konnte im Laufe des Jahres 1979 erkennen, daß es sich aus eigener

Kraft nicht mehr lange gegen den Widerstand der islamisch gesinnten Bevölkerungsmehrheit und ihrer kampferprobten Partisanen würde halten können. Kein sowjetischer Führer hat je auf das Prinzip des proletarischen Internationalismus und der damit implizierten »brüderlichen Hilfe« für bedrohte kommunistische Regierungen verzichtet. Keiner hat sich darauf festgelegt, daß die Breschnew-Doktrin nicht auch außerhalb des Ostblocks Anwendung finden könnte. Jugoslawen und Chinesen haben das stets befürchtet.

Der Versuch der von Nixon und Kissinger betriebenen Entspannungspolitik, die Sowjets zu zügeln, zu mäßigen, sie an gewisse Spielregeln zu binden, blieb ein einseitiger Versuch, der keinen Erfolg hatte: Moskau hat diese Spielregeln nie akzeptiert. Es gab also keinen Grund, sich wegen eines Verstoßes dagegen überrascht oder getäuscht zu fühlen. Wenn Carter in den ersten Tagen des Schocks sagte, seine Ansichten über die Russen hätten sich in einer Woche mehr geändert als in der gesamten voraufgegangenen Zeit seiner Präsidentschaft, so war das nichts anderes als das Eingeständnis einer jahrelangen Fehleinschätzung von bestürzendem Ausmaß.

Die unangenehme Wahrheit ist, sagt Prof. Robert W. Tucker (Johns Hopkins University, in »Foreign Affairs«, Vol. 58, No. 3, p. 481), »daß wir uns selbst betrogen haben, und das ist einer der Gründe, vielleicht der tiefste, für unsere Empörung«. Daß aus einer solchen Desillusionierung leicht eine Überreaktion folgt, ist die Befürchtung vieler Europäer.

Die Konsultation und Unterrichtung der Verbündeten über geplante und öffentlich verkündete Maßnahmen war unzulänglich, wie von den meisten amerikanischen Beobachtern (soweit sie nicht selbst der Administration angehören) zugegeben wird.

Der Tatbestand als solcher ist nicht neu. Schon in den frühen fünfziger Jahren hatten wir immer wieder Grund, uns über Konsultationsmängel zu beklagen. Jeder neue Präsident gelobte Besserung und verfiel nach kurzer Zeit in die alten Gewohnheiten – nicht aus Willkür oder Arroganz, sondern infolge einer Zwangsläufigkeit, die sich aus den Besonderheiten des political process und des decision making in den USA ergeben. Aber diese Zwangsläufigkeit macht die Sache für die Verbündeten nicht besser.

Noch gewichtiger als dieser prozedurale Mangel ist naturgemäß der auf die Substanz der amerikanischen Politik bezogene Zweifel am Bestehen eines durchdachten, langfristigen, realisierbaren Konzepts, einer überzeugenden Strategie. Eine solche ist in der Tat bisher in den amerikanischen Reaktionen nicht sichtbar geworden. Die Schwäche dieser Kritik besteht nur darin, daß auch von europäischer Seite nichts Überzeugendes geboten worden ist.

Daß die Entspannungspolitik fortgesetzt werden müsse, daß ihre Errungenschaften nicht gefährdet werden dürften, daß man Spannungen aus anderen Regionen nicht nach Europa importieren solle – da sind alles ziemlich nichtssagende und Hilflosigkeit verratende Redensarten, solange man nicht genauer zu sagen vermag, was »Entspannung« künftig noch bedeuten kann – angesichts eines Gegenspielers, der seine forcierte Rüstungspolitik ungehemmt fortsetzt; der die Fortsetzung von Rüstungskontrollgesprächen verweigert; der jede Gelegenheit benutzt, das globale Gleichgewicht der Macht zu verändern und dabei auch militärische Mittel einzusetzen, soweit sie nicht zum direkten Zusammenstoß mit der anderen Supermacht führen; der möglicherweise zu der Überzeugung gelangt ist, daß sie ihm bereits einen beträchtlichen Vorsprung verschafft hat; und dem der Abbruch der Entspannungspolitik möglicherweise sogar erwünscht ist, um freie Hand für eine straffere politische Disziplinierung im Inneren und im Bereich des osteuropäischen Hegemonialverbandes zu gewinnen.

Eine kohärente und sinnvolle, zwischen den USA und den europäischen Verbündeten abgestimmte Strategie müßte eine konkrete Zielvorstellung entwickeln. Sie sollte die utopische Vorstellung beiseite lassen, man könne die Rote Armee aus Afghanistan wieder herausmanövrieren. Dafür gibt es keine reale Möglichkeit und es heißt die Intelligenz der Öffentlichkeit beleidigen, wenn man ihr den Olympia-Boykott als denkbares Instrument zur Erreichung dieses Zieles hinstellte.

Auch Neutralisierungs- und ähnliche Projekte sind nicht geeignet, die Sowjets zum Rückzug zu veranlassen. Damit ist nicht gesagt, daß es sinnlos sei, solche Forderungen zu erheben. Aber sie stehen etwa auf der gleichen Ebene wie die Forderung nach der Beseitigung der Berliner Mauer: jeder, der die Funktionsgesetze kommunistischer Herrschaft kennt, wußte, daß die Mauer bleiben werde; ebenso weiß er, daß auch die sowjetische Besatzungsarmee in Afghanistan bleiben wird.

Wiederherstellung des militärischen Gleichgewichts

Es kann also nur darum gehen, sich Gedanken darüber zu machen, wie man eine weitere Expansion der Sowjetmacht in dieser Region verhüten kann. Was man die »Carter-Doktrin« genannt hat (der vom Präsidenten in seiner State of the Union-Message vom 23. Januar verkündete Grundsatz, daß jeder Versuch einer auswärtigen Macht, die Kontrolle über die Region des Persischen Golfes zu erlangen, als ein Angriff auf die lebenswichtigen Interessen der Vereinigten Staaten betrachtet und daß er unter Einsatz aller notwendigen Mittel einschließlich militärischer Macht zurückgewiesen werden wird) ist einstweilen nur eine leere Deklamation, denn es ist nicht zu erkennen, wie die Vereinigten Staaten ihr militärisch Nachdruck verleihen könnten. Der dafür erforderliche mobile Eingreifverband, den man seit langem projektiert, existiert vorerst nur in den Ansätzen; die für eine Auseinandersetzung über Tausende von Kilometern Entfernung erforderlichen Lufttransportkapazitäten sind nicht vorhanden; eine ausreichende landgestützte Flottenpräsenz im Indischen Ozean ist nicht gegeben. Daß die NATO-Verbündeten bisher keine Neigung zeigten, sich außerhalb des NATO-Vertragsgebietes militärisch zu engagieren, haben sie überdeutlich zum Ausdruck gebracht.

Welche Konsequenzen ergeben sich daraus – etwa die, daß man sich auf eine politisch-wirtschaftliche Gegenstrategie beschränken müsse? Das hieße wohl das Kind mit dem Bade ausschütten. Wenn es eine Lehre gibt, die aus der afghanischen Krise zu ziehen ist, dann ist es die, daß es für militärische Machtmittel keinen

Ersatz gibt und daß es von Anfang an ein verhängnisvolles Gebrechen der westlichen Entspannungspolitik war, daß sie die im Harmel-Bericht von 1967 als Grundprinzip aller Entspannung proklamierte Gleichrangigkeit und Gleichzeitigkeit von détente und défense nicht ernst nahm, sondern die Verteidigung vernachlässigte. Worauf es ankommt, ist also eine Wiederherstellung des im Augenblick gestörten militärischen Gleichgewichts und die Herstellung militärischer Aktionsfähigkeit des Westens in allen Krisengebieten von weltpolitischer Bedeutung. Dieses Ziel müßte gerade auch dann verfolgt werden, wenn man eine Wiederaufnahme der Entspannungspolitik (in geläuterter Form) für wünschenswert hält. Äußerungen Bundeskanzler Schmidts (auf dem Rückflug von Washington Mitte März 1980) über den Verlust des globalen Gleichgewichts und die dadurch bewirkte Gefährdung der Entspannungspolitik deuten in diese Richtung.

Indessen kann es sich bei der Korrektur dieser Fehlentwicklung nur um einen Prozeß von längerer Dauer handeln, der vor (etwa) 1985 kaum greifbare Resultate erwarten läßt. Deshalb werden in der unmittelbar vor uns liegenden Zukunft politische und wirtschaftliche Gegenzüge im Vordergrund stehen müssen und man wird gut daran tun, mit der Androhung militärischer Machtmittel sehr vorsichtig und sparsam umzugehen.

Es würde zu weit führen, hier auf die Wirksamkeit und den Wert von Wirtschaftssanktionen oder eines Olympia-Boykotts einzugehen, oder zu prüfen, was für Pakistan oder die Türkei oder andere Länder der gefährdeten Regionen geschehen sollte, um eine weitere Ausdehnung sowjetischen Einflusses einzudämmen. Entscheidend ist, daß die Europäer erkennen und anerkennen, daß in der Region des Persischen Golfes auch und gerade ihre eigenen Lebensinteressen auf dem Spiele stehen; daß sie sich bemühen, durch eine konsequente und rigorose Energiepolitik die Abhängigkeit der westlichen Industrienationen vom nahöstlichen Öl abzubauen; daß man zu einer gemeinsamen politischen Planung gelangt, die von allen Verbündeten mitgetragen wird und die geeignet ist, die lädierte Bündnissolidarität wiederherzustellen, ohne die keine Eindämmungspolitik möglich ist.

Damit kommen wir auf den Ausgangspunkt dieses Referats zurück, nunmehr konkretisiert in der Fragestellung: Welche Zusammenhänge gibt es zwischen der Afghanistan-Krise und der Lage des geteilten Deutschland?

Wenn schon seit dem Abschluß der Ost-Verträge das Thema »Wiedervereinigung« praktisch von der Bildfläche verschwunden war, so ist es durch die jüngste Verschärfung des Ost-West-Gegensatzes noch weiter in den Hintergrund getreten. Im gegenwärtigen weltpolitischen Klima ist eine Überwindung der deutschen Teilung mehr denn je unvorstellbar.

Überraschend war, daß die Afghanistan-Krise nicht rascher und gründlicher auf das Verhältnis Bundesrepublik/DDR durchgeschlagen hat. Zwar wurde die vorgesehene Begegnung Schmidt-Honecker aufgeschoben. Indessen geschah dies in einer Form, die das Interesse beider Seiten erkennen ließ, nichts zu verschütten. Bemühungen um den Abschluß der Verhandlungen über eine Verbesserung der Transitverkehrswege und des Gewässerschutzes und Begegnungen und Äußerungen auf der Leipziger Messe (9. März) verstärkten diesen Eindruck.

Man wird daraus nicht folgern dürfen, daß die deutsch-deutschen Beziehungen von den Auswirkungen der Krise unberührt bleiben könnten. Überwiegend wird denn auch angenommen, daß spätenstens mit der Entscheidung über den Olympiaboykott der Zeitpunkt kommen wird, an dem das Krisenklima auf diese Beziehungen durchschlägt.

Wie auch immer diese Entwicklung verlaufen mag – das gegenwärtige Zwischenspiel beleuchtet einen neuartigen weltpolitischen Aspekt der deutschen Frage: das vitale Interesse der Bundesrepublik an der Aufrechterhaltung des Geflechts der Beziehungen mit der DDR und der Regelungen des Berlin-Verkehrs nach dem Viermächte-Abkommen spielt in allen Überlegungen und Argumentationen jener regierungsnahen Politiker und Publizisten eine entscheidende Rolle, die uns und den Amerikanern zu erklären versuchen, inwiefern deutsche und amerikanische Interessen infolge der Entwicklungen des letzten Jahrzehnts nicht mehr identisch seien und weshalb es der deutschen Außenpolitik nicht möglich sei, bei der Preisgabe der Entspannungspolitik dem amerikanischen Beispiel zu folgen. Am Ende dieser Argumenten-Kette steht meist der Satz: zur Entspannungspolitik gebe es keine Alternative. Gelegentlich ist sogar das Argument zu hören: Nicht nur die Amerikaner hätten auf ihre 50 Geiseln in der USA-Botschaft in Teheran Rücksicht zu nehmen – auch wir hätten das Schicksal von Geiseln zu bedenken, nämlich von Millionen von Geiseln in der DDR.

Wenn uns die deutsch-deutschen Beziehungen und das Berlin-Abkommen tatsächlich in einen Zwang zur Entspannungspolitik ohne Alternative geführt haben, dann hätte uns auch diese neue Deutschland-Politik wieder in eine Lage gebracht, die man mit der Preisgabe der früheren Deutschlandpolitik gerade hatte überwinden wollen. Man muß sich daran erinnern, daß man ein Kernstück der früheren Deutschlandpolitik, die Hallstein-Doktrin, gerade auch deswegen kritisiert hatte, weil sie die Bewegungsfreiheit der deutschen Außenpolitik zu sehr eingeengt habe: Bonn habe sich damit der Möglichkeit beraubt, in den Hauptstädten Osteuropas diplomatisch präsent zu sein und habe sich in der Dritten Welt ständiger Erpreßbarkeit ausgesetzt. Die Drohung mit der Aufnahme diplomatischer Beziehung zur DDR habe genügt, um es zweifelhaften Wünschen gefügig zu machen. Diese Kritik war nicht unbegründet; sie traf ohne Zweifel den schwächsten Punkt der damaligen Deutschlandpolitik. Aber man wird sich die Frage stellen müssen, ob wir uns eigentlich in einer besseren Lage befinden, wenn wir die Verkehrsverbesserungen mit der DDR und Berlin so hoch bewerten, daß man uns jeden Tag mit der Drohung erpressen kann, sie wieder einzuschränken. Daß die Erpressung jetzt nicht von Staaten der Dritten Welt, sondern von Ost-Berlin oder Moskau ausgehen würde, macht sie sicher nicht harmloser. Noch weniger ist es ein Trost, daß wir für diese Verkehrsverbesserungen mit politischen Preisen bezahlt haben, die sich nicht wieder zurückfordern lassen, wenn die andere Seite ihre vertraglichen Leistungen einstellt oder drosselt. Es ist nicht das Ziel und die Absicht dieser Bemerkungen, die Gewinne und Vorteile zu leugnen, die durch den Grundvertrag und das Berlin-Abkommen für den innerdeutschen Verkehr erzielt worden sind. Es scheint mir nur notwendig, genauer den Stellenwert zu definieren, den sie haben – und den sie nicht haben dürfen.

Vor Abkoppelung wird gewarnt

Abgesehen davon, daß eine Politik fragwürdig ist, die sich mit Geiseln erpressen läßt (was manche Amerikaner immer noch nicht begriffen haben), sollte vor allem die völlig schiefe und unangebrachte Analogie mit den »Millionen Geiseln« in der DDR verschwinden. Keine dieser angeblichen Geiseln befindet sich in Lebensgefahr. Was passieren kann, ist, daß weniger Rentner nach Westdeutschland und weniger Westdeutsche aller Altersstufen in die DDR reisen können und daß der Zugang nach und von Berlin wieder beschwerlicher wird. Das alles wäre bedauerlich, aber keine Katastrophe, und auch der Fortbestand der deutschen Nation hängt davon nicht ab. Es ist an der Zeit, diese Dinge in den richtigen Proportionen zu sehen und sie von dem sentimentalen Schwulst zu befreien, mit dem sie in unserer Publizistik hochgespielt werden.

Es mag sehr wohl sein, daß die Afghanistan-Krise eine Entwicklung eröffnet, in der es um die künftige Kontrolle der wichtigsten Erdölregion der Welt und damit um die wirtschaftliche Lebensfähigkeit der westlichen Industrie-Nationen einschließlich der Bundesrepublik Deutschland geht. In einer Auseinandersetzung dieser Dimension wären Reiseerleichterungen im innerdeutschen Verkehr eine inkommensurable Größe. Wer ihre Bewahrung nur als Vorwand benutzt, um sich von einer unglaubwürdig gewordenen amerikanischen Führung abzukoppel, treibt ein gefährliches Spiel. Abkoppelung ist immer noch etwas, was die Europäer und vor allem die Deutschen mehr zu fürchten haben als die Amerikaner.

Wir stehen an einem kritischen Wendepunkt der weltpolitischen Entwicklung: Amerika hat das Vietnam-Watergate-Syndrom ausgeheilt; es ist nüchterner, illusionsloser, aktionsbereiter geworden. Aber seine politische Führung ist auf einen Tiefpunkt gesunken und ist zudem bis Anfang 1981 wahlpolitisch fixiert.

Die Europäer sehen nur diese Führungsschwäche und haben es noch nicht vermocht, sich auf die Regeneration des nationalen Selbstbewußtseins und des politischen Geltungswillens der Amerikaner einzustellen und die Möglichkeiten zu nutzen, die sich daraus ergeben.

Die Entwicklung kann sich rasch beschleunigen. Sie kann auf zwei Gefahrenpunkte zulaufen: Entweder der Westen läßt die Dinge treiben, das heißt er läßt die inneratlantischen Differenzen weiter wuchern und das militärische Kräfteverhältnis sich weiter verschlechtern. Dann werden wir in Kürze weitere Afghanistans und einen rapiden Machtverfall des Westens erleben. Oder es rafft sich zu politischer Geschlossenheit und energischer Stärkung seiner militärischen Machtmittel auf. Falls die Sowjets eine solche Wendung befürchten müßten, wäre die Gefahr nicht auszuschließen, daß sie versucht sein könnten, ihr zuvorzukommen.

2. Friede, Freiheit, Sicherheit

Ihr heutiger Bedingungszusammenhang und seine Konsequenzen für die deutsche Frage

– 1980 –

Das Thema, das ich hier erörtern soll, lautet: »Friede durch Freiheit und Sicherheit«. Es stellt uns vor die Frage, ob man die »Freiheit« – auf gleicher Ebene mit »Sicherheit« – als ein Instrument zur Gewährleistung des Friedens ansehen kann, wie es das Wort »durch« nahelegt. Die Logik dieser Überlegung ist nicht leicht zu verstehen.

Recht kann nicht Frieden schaffen

Sinnvoller scheint es, das Verhältnis von Friede, Freiheit und Sicherheit so zu verstehen, wie es für eine außenpolitische Fachtagung im März dieses Jahres formuliert worden war: *»Frieden in Freiheit sichern«*. Das heißt: Sicherheitspolitik als Instrument zur Gewährleistung von Frieden in Freiheit – wobei der »Friede« als eine Zielvorstellung zu verstehen ist, die durch »Freiheit« zusätzlich qualifiziert wird. Frieden und Freiheit fallen nicht zusammen. Es gibt Friedensordnungen, die sich auf mannigfachen Abhängigkeiten und Unfreiheiten aufbauen: Staatensysteme, in denen es neben den souveränen Staaten zum Beispiel Kolonien und Protektorate gibt. »Freiheit« ist ein Zustand, der unter günstigen Voraussetzungen im Rahmen einer Friedensordnung erreichbar ist – im Idealfalle für alle, in der Realität meist nur für einen Teil der Mitglieder des Staatensystems.

Die Instrumente zur Schaffung und Erhaltung eines solchen Friedens in Freiheit sind in erster Linie Machtmittel: militärische, politische, wirtschaftliche. Diese fügen sich zu einem System der »Sicherheit« zusammen. Sie können ergänzt und gestützt werden durch Recht und Moral.

Die in der Vergangenheit (bis in unsere Zeit hinein) häufig propagierte Idee eines »Friedens durch Recht« ist nur eine Juristenutopie. Der Philosoph Max Scheler hat diese Idee schon 1927 in einem Vortrag »juristischen Pazifismus« genannt. Natürlich darf man nicht »die Juristen« schlechthin dafür verantwortlich machen, sondern nur die beschränkte Zahl von weltfremden Idealisten unter ihnen, die sich in solche Gedanken verrannten.

Recht kann nicht Frieden schaffen, sondern kann allenfalls einen durch Macht gesicherten Frieden stützen. Erst recht kann Freiheit nicht Frieden schaffen; sie kann allenfalls durch Frieden erhalten werden.

Leben wir im Frieden?

Leben wir überhaupt im Frieden? Präsident Carter rühmte sich im Wahlkampf von 1979, der erste amerikanische Präsident seit 1945 gewesen zu sein, in dessen Amtszeit kein amerikanischer Soldat sein Leben verloren habe (diesen Anspruch sollte man ihm auch nach dem Tode von acht US-Soldaten bei dem mißglückten Rettungsunternehmen für die Geiseln in Teheran nicht bestreiten: schließlich sind die acht nicht im Kampfe gefallen).

Wenn man auf die Geschichte der letzten 35 Jahre seit dem Ende des Zweiten Weltkrieges zurückblickt, so hat es in der Tat kaum Zeiten gegeben, in denen nicht irgendwo kriegerische Auseinandersetzungen im Gange waren. An einige der größeren erinnert man sich: an den Korea-Krieg; an die drei arabisch-israelischen Kriege; an die Invasionen der Chinesen in Indien und in Vietnam; an den Vietnam-Krieg, erst der Franzosen, dann der Amerikaner; an den Einmarsch der Vietnamesen in Kambodscha und ihren noch nicht abgeschlossenen Versuch, dieses Land zu erobern und zu unterwerfen. Im Zusammenhang mit der Afghanistan-Krise und der aus ihr erwachsenen neuen Rolle Pakistans erinnert man sich auch wieder des indisch-pakistanischen Konflikts und des Krieges um Bangladesch. Aber damit sind nur eine kleine Zahl der bewaffneten Konflikte und gewaltsamen Auseinandersetzungen genannt, die in diesen 35 Jahren stattgefunden haben. Sie genügen jedoch, um uns bewußt zu machen, daß man nur in einem sehr begrenzten und relativen Sinne von einer Friedensperiode nach 1945 sprechen kann: Es hat keinen Weltkrieg und keinen kriegerischen Zusammenstoß der Groß- und Supermächte gegeben; und es hat keine kriegerischen Auseinandersetzungen in Europa gegeben.

Andererseits war auch der Zustand des Nichtkrieges in Europa weit entfernt von einem Frieden im echten Sinne des Wortes: Friedensverträge wurden nach 1945 nur mit einigen wenigen der Besiegten geschlossen: 1947 mit Italien, Finnland, Bulgarien, Ungarn, Rumänien, mit Japan 1951 (allerdings ohne Beteiligung der UdSSR), mit Österreich 1955. Mit dem größten und wichtigsten Lande auf seiten der Besiegten kam es zu keinem Friedensvertrag: mit Deutschland. Viele Jahre hindurch stand die Frage eines Friedensvertrages mit Deutschland im Vordergrund der Weltpolitik, zuletzt während der durch Chruschtschow entfesselten Berlin-Krise der Jahre 1958–62. Sein Entwurf eines Friedensvertrages, der mit zwei deutschen Regierungen – Bundes- und DDR-Regierung – abgeschlossen werden sollte, stand im Mittelpunkt seiner damaligen Forderungen. Er sollte nicht nur die Zweiteilung Deutschlands sanktionieren und zementieren, sondern zugleich West-Berlin den Status einer entmilitarisierten Freistadt – ohne besondere Bindungen an die Bundesrepublik – verleihen. Der Westen antwortete auf der Genfer Konferenz im Sommer 1959 mit dem sogenannten »Friedensplan« (Herter-Plan), der eine stufenweise Wiedervereinigung Deutschlands vorsah und für den am Ende dieses Prozesses stehenden Friedensvertrag einige Prinzipien formulierte.

Weder in Genf noch ein Jahr später in Paris kam es zu einer Annäherung in der Frage des deutschen Friedensvertrages: Die Pariser Gipfelkonferenz scheiterte, bevor sie überhaupt eröffnet war (U-2-Zwischenfall). Seit dem Anfang der sechziger Jahre ist die Frage des deutschen Friedensvertrages von der Tagesordnung internationaler Konferenzen verschwunden.

Anstelle eines Friedensvertrages ist es zu einer Art Friedensersatz gekommen: Nachdem Moskau erkannt hatte, daß eine volle

Legitimierung des von ihm in Mitteleuropa geschaffenen Status quo durch einen Friedensvertrag nicht erreichbar war, suchte es das gleiche Ziel auf anderen Wegen zu erreichen: eine gesamteuropäische Mammut-Konferenz sollte die Grenzen und Herrschaftsformen, wie sie nach 1945 durch die Stationierung von Besatzungstruppen und die Einsetzung und Konsolidierung kommunistischer Regierungen geschaffen worden waren, sanktionieren und für alle Zeiten festschreiben. Eine Serie von bilateralen Verträgen sollte sich dem gleichen Ziele auf anderen Wegen nähern. So kam es zu den deutschen Ostverträgen (Moskau, Warschau, Ost-Berlin, Prag), zum Berliner Viterer-Abkommen und schließlich zur Konferenz von Helsinki (1975, KSZE).

Das wichtigste Ziel der sowjetischen Nachkriegspolitik ist damit erreicht worden: die Sanktionierung der Teilung Deutschlands, die Anerkennung des kommunistischen Regimes der DDR, die Oder-Neiße-Grenze – alles dieses ist durch das Vertragssystem der siebziger Jahre in einem Grade juristisch abgesegnet und verfestigt worden, daß nur noch gelernte und gelehrte Völkerrechtler juristisch einen Unterschied zur vollen völkerrechtlichen Anerkennung zu sehen vermögen.

Auf westlicher Seite fiel es den meisten Partnern dieses Systems nicht schwer, sich damit abzufinden: Die deutsche Wiedervereinigung stieß bei ihnen auf wenig Sympathie, die Forderung nach einer Überprüfung der deutschen Ostgrenze auf überhaupt keine. Die Deutschen trösteten sich damit, daß es in dieser Situation ohnehin keine reale Chance gab, die Teilung zu überwinden und in der Grenzfrage eine erträgliche Lösung zu finden; daß man vorerst damit zufrieden sein mußte, den Besucherverkehr mit der DDR und den Zugang nach Berlin verbessert zu haben. Manche setzten große Hoffnungen auf den Korb III der Schlußakte von Helsinki und vertrauten darauf, daß der Eiserne Vorhang durchlässiger werde, daß mehr Informationsfreiheit und ein besserer Schutz der Menschenrechte von Dissidenten erzielt werden könne.

Allgemein erhoffte man sich von dieser Entwicklung Entspannung: Abbau von Konfrontation, Polemik, Konfliktpotentialen, allmähliche Verbesserung des Ost-West-Klimas im ganzen.

Sollen wir uns mit dieser Art Ersatzfrieden abfinden? Es gibt nicht allzu viele Gründe, damit zufrieden zu sein.

Die Entspannungspolitik hat enttäuscht und befindet sich in einer schweren Krise. Dafür gibt es vielfältige Ursachen und die Verantwortlichkeiten wird man sowohl im Osten wie im Westen suchen müssen. Ob sie aus dieser Krise wieder herausgeführt und wieder belebt werden kann, ob es richtig ist, daß es zu ihr »keine Alternative gibt«, wie uns immer wieder vorgebetet wird, lasse ich zunächst offen.

Die positiven Auswirkungen der Helsinki-Konferenz waren so bescheiden, wie man es realistischerweise nur hätte erwarten dürfen: die Dissidenten im Ostblock fühlten sich vorübergehend ermutigt, die kommunistischen Obrigkeiten vorübergehend verunsichert.

Alles das dauerte nicht lange. Die Menschenrechte sind heute nicht besser geschützt und nicht mehr respektiert, als sie es vor Helsinki waren. Die Belgrader Nachfolgekonferenz erwies sich als Leerlauf – sollte in Madrid eine weitere stattfinden, ist eher weniger als mehr zu erwarten. Was die positiven Ergebnisse unserer Ostverträge anlangt, so sind die Verbesserungen des Besucherverkehrs mit der DDR und des Zugangs nach Berlin im Augenblick noch intakt. Bei jeder Zuspitzung des Ost-West-Verhältnisses taucht jedoch die Frage auf: Wie lange noch? Erst in jüngster Zeit ist vielen Deutschen klargeworden, daß die Ostverträge auf einem ungleichgewichtigen do ut des beruht haben: Die Bundesrepublik leistete in hardware, also mit Zugeständnissen, die unwiderrufbar waren, wie der Anerkennung der DDR und der Ostgrenzen; die andere Seite leistete in software, also mit Zugeständnissen, die sich jederzeit rückgängig machen lassen.

Aus dem Berlin-Abkommen zitiert die andere Seite regelmäßig nur diejenigen Sätze, die ihre Interessen begünstigen; Formulierungen, die unsere Interessen schützen, werden konsequent ignoriert. Nur in dem dadurch begrenztem und bedingtem Maße kann man daher dem Viererabkommen stabilisierende Wirkung für die Lage Berlins beimessen.

Als Ergebnis ist festzuhalten: Die Deutschlandpolitik der Ära

Adenauer, gerichtet auf Wiedervereinigung und einen gesamtdeutschen Friedensvertrag, war Anfang der sechziger Jahre an einen toten Punkt gelangt. Sie drohte uns im westlichen Bündnis zu isolieren, ohne daß auf dem Wege zur deutschen Einheit in absehbarer Zeit greifbare Fortschritte zu erwarten waren. Nach einigem Lavieren unter Erhard und Kiesinger wurde sie Anfang der siebziger Jahre durch die neue Deutschland- und Ostpolitik der sozial-liberalen Koalition ersetzt – durch das eben beschriebene »Friedensersatzkonzept«. Auch diese Politik ist an einem Wendepunkt angelangt: Sie kann nach Afghanistan nicht unverändert weitergeführt werden – und sei es nur deshalb, weil die beiden Hauptpartner der Entspannungspolitik, die USA und die UdSSR, den Geschmack an dieser Politik verloren haben.

Drei Dimensionen der Freiheit

An dieser Stelle müssen wir unsere weiteren Überlegungen mit dem im Thema genannten zweiten Begriffselement verknüpfen: mit dem Begriff der Freiheit. Wenn wir »Frieden in Freiheit« als letztes Ziel unserer Politik bezeichnen, meinen wir dreierlei: einmal Freiheit als Grundlage unseres inneren politisch-wirtschaftlichen Systems, somit eine von uns in freier Selbstbestimmung gewählte Regierungs- und Gesellschaftsstruktur; zum anderen die Freiheit unserer außenpolitischen Entscheidungen: die freie Wahl unserer Bündnispartner, die Freiheit zum Zusammenschluß mit anderen europäischen Staaten, die Unabhängigkeit unserer Stellung in der Welt; endlich meinen wir die Freiheit unserer nationalen Selbstbestimmung.

Wenn wir uns den Zusammenhang zwischen innerer und äußerer Freiheit vergegenwärtigen wollen, lassen wir besser abstrakte Definitionen beseite und schauen auf die Landkarte Europas: In Osteuropa stoßen wir auf eine Reihe von Staaten, die mit der äußeren zugleich die innere Freiheit verloren haben: Polen, CSSR, Ungarn, Bulgarien – in allen diesen Ländern entspricht der Einbindung in den sowjetischen Hegemonialverband des Ostblocks die innere Herrschaft der kommunistischen Partei und ihr mit den Mitteln einer totalitären Diktatur erzwungenes Monopol der Verfügung über Staat und Gesellschaft. In Jugoslawien und Rumänien haben sich gewisse Abweichungen von diesem Schema ergeben: Beide Länder haben sich ein größeres Maß äußerer Unabhängigkeit errungen (Jugoslawien mehr als Rumänien, das immerhin noch dem System des Warschauer Pakts angehört), ohne das kommunistische System im Inneren zu beseitigen (wobei wiederum Jugoslawien um eine Nuance eigenständiger erscheint als Rumänien).

Dagegen gibt es nirgends eine umgekehrte Entwicklung: eine Liberalisierung der inneren Staats- und Gesellschaftsordnung bei fortdauernder Einbindung in den sowjetischen Hegemonialverband. Wo etwas derartiges versucht wurde, wie in Ungarn und der CSSR (1956 und 1968), wurden diese Versuche mit Waffengewalt unterdrückt.

Hoch im Norden gibt es den Sonderfall Finnland: ein Land, das sich (ohne dem Warschauer Pakt anzugehören) in seiner Außenpolitik weitgehend den Wünschen und Interessen Moskaus anpaßt, im Inneren jedoch seine liberale und demokratische Staats- und Gesellschaftsform bewahrt hat. Moskau toleriert diesen Sonderfall, weil Finnland nie ein kommunistisches Regime hatte. Der Kreml brauchte hier also nicht das Prinzip der Irreversibilität einer kommunistischen Machtübernahme zu demonstrieren.

Die Finnen ihrerseits hatten zwei verlorene Kriege, die sie zur Verteidigung ihrer Freiheit geführt hatten, hinter sich, und für die Zukunft einen übermächtigen Nachbarn neben sich. Sie hatten keine andere Wahl und mußten froh sein, wenn sie nicht das gleiche Schicksal erlitten wie Estland, Lettland und Litauen. Es hat daher nichts Herabsetzendes, wenn sich in die politische Sprache unserer Zeit der Begriff der »Finnlandisierung« eingebürgert hat. Es ist ein Begriff, auf den man schwer verzichten kann, denn er bringt mit unübertrefflicher Präzision und Anschaulichkeit das zum Ausdruck, was Europa bevorsteht (und vor allem uns bevorsteht), wenn das nur durch die militärische Präsenz der Vereinigten Staaten und durch das Atlantische Bündnis aufrechtzuerhaltene Gleichgewicht der Macht verlorengeht.

Gefährdet ist dieses Gleichgewicht schon jetzt: durch die regionale Überlegenheit der SU im konventionellen und im nuklearen Mittelstreckenraketenbereich, durch die nur mühsam behauptete Parität der Vereinigten Staaten im Bereich der strategischen Nuklearwaffen, durch die politische Führungsschwäche der Vereinigten Staaten seit Vietnam und Watergate, durch die sich erweiternden Divergenzen im Atlantischen Bündnis und die Unwilligkeit der Europäer, Opfer für die gemeinsame Verteidigung zu bringen.

Wir sollten uns daran erinnern, daß dem Sicherheitsberater des US-Präsidenten, Brzezinski, vor einiger Zeit die Äußerung zugeschrieben wurde, die Europäer betrieben angesichts dieser Machtverschiebungen bereits eine Politik der »Selbstfinnlandisierung«. Es mag dahingestellt bleiben, ob diese Äußerung wirklich gefallen ist, auf wen sie gemünzt war und in welchen Zusammenhang sie gehörte.

Entscheidend ist, daß in diesem Wort Konsequenzen einer sicherheitspolitisch prekär gewordenen Situation für den Freiheitsspielraum der europäischen Nationen anklingen, die man nicht als Phantasien abtun kann.

Gefährdete Sicherheit

Hiermit ist der Zusammenhang von Freiheit und Sicherheit berührt.

Sicherheitspolitik, so liest man in den einschlägigen Handbüchern (H. P. Schwarz, Handbuch der deutschen Außenpolitik, 1975, S. 479), ist die Gesamtheit der Einrichtungen und Maßnahmen, mit denen die Verfassungsorgane einer von außen kommenden Existenzgefährdung begegnen. Dabei wird vor allem an bewaffnete Gewalt, aber auch an militärisch abgestützten politischen Druck gedacht. Sicherheitspolitik umfaßt also Verteidigungspolitik im engeren Sinne, das heißt die militärische Landesverteidigung durch die bewaffneten Streitkräfte, aber auch deren Integration in die NATO, sie umfaßt das gesamte politisch-militärische Bündnissystem mitsamt der amerikanischen Nukleargarantie, wie überhaupt das Gesamtspektrum der Abschreckung. Im weiteren Sinne gehören dazu auch gegenseitige Gewaltverzichtverträge, Bündnisse und das Sicherheitssystem der UN, sowie wirtschaftliche Machtmittel.

Existenzsicherung ist die Voraussetzung der Freiheit. Gefährdung der Sicherheit ist immer zugleich auch Bedrohung der Freiheit. In den dreieinhalb Jahrzehnten seit Kriegsende sollten wir gelernt haben, welches in unserer heutigen Welt die entscheidenden Faktoren der Sicherheit sind: Es sind nicht wohlklingende Vertragsartikel über gegenseitigen Gewaltverzicht, nicht die einschlägigen Artikel der VN-Satzung und Resolutionen des Sicherheitsrates, erst recht nicht das öffentliche Weltgewissen – sondern in erster Linie das Gleichgewicht der Macht. Dies war die Philosophie, auf der das NATO-Bündnis beruhte. Sie hat sich über Jahrzehnte hinweg bewährt: Seit Gründung der NATO hat es in Europa keinen bewaffneten Konflikt, keinen kommunistischen Umsturz, keine Erweiterung des sowjetischen Herrschaftsbereiches gegeben. Jetzt, in den achtziger Jahren, wird deutlich, daß die Bündnispartner seit geraumer Zeit ihr Sicherheitssystem selbst untergraben haben.

Ende der sechziger Jahre wandten sie sich einer Entspannungspolitik zu, die im Harmel-Bericht von 1967 noch durchaus realistisch definiert wurde: Militärische Sicherheit und politische Entspannung sollten sich ergänzen. Die Bündnispartner (so hieß es in Abs. 5) werden »zur Sicherung des Gleichgewichts der Streitkräfte das erforderliche militärische Potential aufrechterhalten und dadurch ein Klima der Stabilität, der Sicherheit und des Vertrauens schaffen«. Eben das haben sie nicht getan. In der Euphorie der Entspannung wurde die Verteidigung vernachlässigt. Während die UdSSR systematisch und beharrlich aufrüstete, ihre konventionelle Überlegenheit verstärkte und nuklear die Parität erlangte (mit deutlicher regionaler Überlegenheit in Europa), beklagten die Europäer die wachsende »Asymmetrie« der Rüstungen, verlangten eine Konferenz für »ausgewogenen« Truppenabbau, verzichteten auf das Beiwort »ausgewogen« jedoch schon, bevor die Wiener Konferenz begonnen hatte.

Diese Politik hat uns in eine gefährliche Situation gebracht: Der Westen steht heute vor der Wahl, ob er dieser Entwicklung weiter ihren Lauf lassen, oder ob er ihr entgegentreten will. Im ersten Falle wird es, bei wachsender sowjetischer Überlegenheit in Europa und parallel damit wachsender Risikobereitschaft der sowjetischen Führung, bald neue Afghanistans und eine weitere Verschlechterung des globalen Machtgleichgewichts geben. Die Entwicklung wird sich rasch beschleunigen, denn bekanntlich ist nichts so erfolgreich wie der Erfolg, und viele schwache und schwankende Staaten werden sich beeilen, nur nicht den Anschluß zu verpassen. Wenn man dieser Entwicklung entgegentreten und sie wenden will, bedarf es seitens des Westens nicht nur erheblicher Anstrenungen, sondern auch eines zeitlichen Spielraumes. Bei optimistischer Beurteilung kann frühestens ab 1985 mit einer wesentlichen Verbesserung des militärischen Gleichgewichts gerechnet werden. Wird man in Moskau einer solchen Entwicklung untätig zusehen und abwarten, bis sich das Kräfteverhältnis wieder einpendelt? Bis sich »das Fenster wieder geschlossen« hat, um in der Sprache der Astronauten zu sprechen?

Wenn es in den nächsten Jahren eine Kriegsgefahr geben sollte, dann würde sie durch jene einseitige, euphorische Entspannungspolitik wesentlich mit-verursacht worden sein. Diese hat nicht nur das rein militärische Gleichgewicht gestört und ein gefährliches Rüstungsgefälle geschaffen; sie hat, wie sich ebenfalls in diesem Frühjahr mit bestürzender Deutlichkeit gezeigt hat, das moralische Fundament der Allianz untergraben, zu der die Solidarität der Verbündeten gehört. Diese ist in einem erschreckendem Maße erschüttert.

Manche trösten sich damit, daß die Atlantische Allianz schon viele Vertrauenskrisen überlebt und daß es kaum Zeiten gegeben habe, in denen es keine bündnisinternen Spannungen, Gegensätze, Auseinandersetzungen gegeben hätte. Suez, die Abrüstungsverhandlungen, die Berlin-Krise, der Nichtverbreitungsvertrag – diese Stichworte bezeichnen nur einige Höhepunkte in der Chronik dieser Konflikte. Selbst die später verklärten Zeiten der Adenauer-Dulles-Freundschaft waren keineswegs ungetrübt;

man braucht nur an die Bonner Aufregung über den sogenannten »Radford-Plan« zu erinnern, an die Verhandlungen von Harold Stassen, dem Abrüstungsbeauftragten Eisenhowers, an die Tage der amerikanischen Intervention im Libanon 1958. Gespannter wurde das Verhältnis zwischen Adenauer und Kennedy; de Gaulle schockierte alle Allianzpartner, er trat mit einem Fuß aus dem Bündnis aus und veranlaßte es, alle Hauptquartiere aus Frankreich abzuziehen.

Wer alles dieses erlebt hat, ist geneigt, die gegenwärtigen Stürme unter diesem Blickwinkel der Vergangenheit zu sehen und darauf zu vertrauen, daß man sich irgendwie wieder hindurchlavieren werde – so wie schließlich nach langem Gezerre der Nachrüstungsbeschluß vom Dezember doch noch zustande kam. Auch Bundeskanzler Schmidt scheint einer solchen gelassenen Beurteilung zuzuneigen – die auch in manchen Stimmen der amerikanischen Presse Ausdruck findet – wie zum Beispiel der von Meg Greenfield (in Newsweek – INT. 16. May, »Alliance Disarray – The Old Story«), die zu dem Schluß kommt, daß »Disarray« ein irreführender Ausdruck sei, weil es sich nur um die ihrem Wesen entsprechende natürliche und normale »Kondition« der Allianz handele.

Häufig genug haben erfahrene Allianz-Experten den besorgten Beobachtern geantwortet: Die Allianz ist sturmerprobt und hat bisher noch alle inneren Krisen überwunden. Kann man auch heute noch solchen beschwichtigenden Worten vertrauen? Die Vereinigten Staaten ebenso wie ihre europäischen Verbündeten sind schwächer und verwundbarer geworden. Wer eine heimtückische Krankheit mehrfach überstanden und sich wieder erholt hat, ist nicht für alle Zeiten davor geschützt, bei einem neuen heftigen Anfall der Krankheit zu erliegen – besonders wenn die Konstitution des Patienten ohnehin geschwächt ist.

Was wir im Augenblick in bezug auf die für unsere Sicherheit lebenswichtige Allianz erleben, geht über alles hinaus, was sich in den 30 Jahren ihres Bestehens ereignet hat. Die Amerikaner sind über ihre europäischen Verbündeten zutiefst irritiert: Ob es sich um die Wirtschaftssanktionen gegen den Iran, um den Olympia-

Boykott, um die Aufweichung des NATO-Nachrüstungsbeschlusses vom letzten Dezember durch Bundeskanzler Schmidt, um den Alleingang des französischen Präsidenten Giscard d'Estaing nach Warschau handelt – sie sehen überall nur halbherzige Unterstützung, oft nur in Form eines fadenscheinigen lip service, sie sehen ständige Kritik ohne konstruktive Gegenvorschläge, sie sehen mangelnden Konsens, mangelnde Entschlußkraft, mangelnde Verteidigungswilligkeit der Europäer. In der New York Times fordert der bekannte Kolumnist William Safire allen Ernstes eine Wiederbelebung der Mansfield Resolution für eine drastische Verringerung der amerikanischen Truppen in Europa. Nur mit solchen Mitteln könne den Europäern beigebracht werden, »that the US cannot be taken for granted by its friends« (NYHT 23, May).

Selbst ein so bewährter Freund Deutschlands wie John J. McCloy warnt davor, daß es gefährlich sei, das Bündnis für selbstverständlich verbürgt zu halten: »Die Allianz ist das Ergebnis einer außerordentlichen politischen Umwälzung in den Vereinigten Staaten, nämlich der Preisgabe der Isolationspolitik und jener Nicht-Teilnahme an europäischen Angelegenheiten, die für die amerikanischen Politiker vor dem Ersten Weltkrieg kennzeichnend war.« Ein beträchtlicher Teil der augenblicklichen Schwierigkeiten könne zwar einer mangelhaften amerikanischen Führung zugeschrieben werden, aber man dürfe es sich angesichts der tiefgreifenden Konsequenzen des Versäumnisses, die beiderseitige Verantwortung für die beständige Kräftigung der Allianz der freien Welt zu akzeptieren, nicht zu einfach machen.

Furcht führt ins Verderben

Wie es auf unserer Seite aussieht, ist nur allzu offenkundig: In der Bundesrepublik ist eine anti-amerikanische Stimmungswelle in der Entwicklung, die weit über ihr traditionelles Bett, alle kommunistischen Gruppen und den linken Flügel der SPD hinausgerollt ist, bis hinein in die Reihen der F.D.P., der Grünen, der politischen Analphabeten in den Reihen des Sports. Die vorgeblichen und die wirklichen Motive dieser Stimmungswelle sind vielfältig: Bei den kommunistischen Gruppen fallen sie noch weitgehend zusammen und sind Bestandteile einer rational verständlichen und konsequenten Strategie. Bei den anderen verschanzt man sich weitgehend hinter einer Kritik am amerikanischen Präsidenten und seiner Politik. Natürlich gibt es daran viel zu kritisieren (und die Amerikaner tun das selbst sehr ausgiebig). Aber was immer an dieser Kritik berechtigt sein mag – sie bildet nur in den seltensten Fällen die eigentliche Motivation des neuen Anti-Amerikanismus. Das eigentliche Motiv ist Angst – schlichte Angst vor der übermächtigen Militärmaschine der UdSSR, Angst vor kriegerischen Verwicklungen in Europa, Rationalisierung dieser Angst durch Kritik an den Vereinigten Staaten und Flucht in einen realitätsblinden Neutralismus, in eine »Ohne-mich-Stimmung«, die wir Anfang der fünfziger Jahre schon einmal erlebt haben. Wäre sie nicht durch Adenauers zielbewußte und konsequente Westpolitik durchkreuzt und gebrochen worden, hätten wir uns wahrscheinlich schon damals auf den Weg der Finnlandisierung begeben.

Wir befinden uns jetzt nicht mehr in den fünfziger Jahren, wir leben im Jahre 1980 und wir haben jetzt eine 25jährige Bündnisgemeinschaft mit den Vereinigten Staaten hinter uns, die man nicht ohne schwerwiegende Konsequenzen preisgeben kann. Niemand sollte sich einbilden, daß die Atlantische Allianz noch einen Wert haben könnte, wenn die Amerikaner das Vertrauen in die Zuverlässigkeit, den Solidaritätswillen und den politischen Freiheitswillen der Europäer verloren haben; daß sie ihre 300000 Mann unter solchen Umständen in Mitteleuropa stehen lassen werden und daß ihre nukleare Beistandsgarantie dann noch wirksam und glaubwürdig bleiben kann.

Es geht nicht darum, daß wir blindlings einer amerikanischen Führung folgen müßten, deren Autorität uns problematisch geworden ist; daß wir politische Aktionen unterstützen müßten, die uns ohne Konsultation aufgenötigt werden und deren Zweckmäßigkeit wir bezweifeln. Kritik im Bündnis ist unentbehrlich und legitim; aber sie muß konstruktiv sein, sie muß die Entschlossenheit zu effektiver, nicht nur verbaler Solidarität erkennen lassen und darf nicht als eine Kette von Ausflüchten erscheinen. Man kann auch nicht mangelnde Solidarität der Amerikaner in der deutschen Frage beklagen, wenn man es selbst an Solidarität in anderen, die amerikanischen Verbündeten unmittelbarer betreffenden Fragen fehlen läßt. An dieser unentbehrlichen Komponente loyaler Kritik hat es die Politik der europäischen Regierungen – auch die der Bundesregierung – fehlen lassen.

In stürmischen Zeiten, wie wir sie jetzt erleben, mag es ratsam sein, zu wiederholen, was in besseren Zeiten schon oft gesagt worden ist und was eigentlich selbstverständlich sein sollte: daß es ohne die militärische Präsenz der Vereinigten Staaten in Europa keine Sicherheit gibt; daß diese Präsenz nur aufrechtzuerhalten ist, wenn sie sich auf eine Grundlage gegenseitiger Solidarität stützen kann; und daß eine von Furcht motivierte Politik am raschesten ins Verderben führt.

3. Ein zählebiger Mythos

Die Stalin-Note vom 10. März 1952
– 1982 –

Seit 30 Jahren streiten sich die Deutschen darüber, ob die am 10. März 1952 den Westmächten zugestellte Stalin-Note eine Chance enthalten habe, den Prozeß der sich zunehmend verhärtenden Teilung Deutschlands aufzuhalten und auf der Basis eines Kompromisses zwischen den im kalten Krieg miteinander zerfallenen vier Siegermächten des Zweiten Weltkrieges doch noch zu einer die staatliche Einheit wiederherstellenden Lösung zu kommen. Im Abstand einiger Jahre taucht diese Streitfrage in der einen oder anderen Form wieder auf und beschäftigt die Gemüter, meist mit stark emotionalem Engagement.

Der Streit erhitzte sich erst 1956

1956 fachte Paul Sethe mit seinem Buch »Zwischen Bonn und Moskau« diese Diskussion an. 1958 kam es im Bundestag über diesem Thema zu der wohl heftigsten und leidenschaftlichsten Redeschlacht, die dieses Parlament bisher überhaupt erlebt hat. In den sechziger und siebziger Jahren erschien eine ganze Serie von Publikationen, die sich teils in polemischer Form, zum anderen Teil jedoch auch in seriöser wissenschaftlicher Weise zur Sache äußerten. Unter denen, die sich zu Worte meldeten, befanden sich anerkannte Historiker von Rang. Trotz des nach den Ostverträgen abflauenden Interesses für die Wiedervereinigungsfrage im allgemeinen ist diese spezielle Frage nach der 1952 etwa verpaßten Gelegenheit zur Wiedervereinigung nicht zur Ruhe gekommen.

Vor einem Jahr trafen sich Zeitzeugen und Historiker im Rhöndorfer Adenauer-Haus zu einem Gespräch über diese Frage.

(Darüber hat der Kölner Historiker Andreas Hillgruber in der FAZ vom 4. April 1981 berichtet. Referate und Diskussionsprotokolle liegen inzwischen gedruckt vor in den »Rhöndorfer Gesprächen«, hrsg. von H. P. Schwarz, Bd. 5, 1982.) Diese Gespräche knüpften an ein Referat von Hermann Graml vom Münchner Institut für Zeitgeschichte an, der gerade das einschlägige Aktenmaterial der Washingtoner Archive durchgeprüft hatte (in einer erweiterten Fassung ist dieses Referat in den »Vierteljahresheften für Zeitgeschichte«, 3/1981, erschienen). Seit kurzem liegt eine neue Untersuchung von Knud Dittmann vor, die sich unter dem Titel »Adenauer und die deutsche Wiedervereinigung. Die politische Diskussion des Jahres 1952« (Droste Verlag, Düsseldorf, 1981) erneut mit dem Thema befaßt.

Moskaus Archive hüten die entscheidenden Quellen

Neue Tatsachen oder neue Erkenntnisse von größerer Tragweite sind schon seit langem weder von den Zeitzeugen noch von den Historikern zu Tage gefördert worden. Auch die Archive von Washington waren wenig ergiebig. Ob die deutschen Archive, die der Forschung bislang noch nicht geöffnet waren, mehr zu bieten haben, darf bezweifelt werden. Der Schlüssel zur Beurteilung der Stalin-Note liegt in Moskau, und westliche Historiker werden ihn wohl nie in die Hand bekommen – russische vermutlich auch nicht oder nur unter sehr spezifischen Bedingungen. Über die Absichten, die Stalin mit seiner Initiative verfolgte, über die Bereitschaft oder Nicht-Bereitschaft der damaligen Kremlführung, die sowjetische Deutschland-Politik zu ändern – Berija und Malenkow wurden Neigungen zu einer solchen Kursänderung zugeschrieben –, wird es daher immer nur Spekulationen und niemals schlüssiges Beweismaterial geben. Das hat dazu beigetragen, die auf dem Nährboden unerfüllter nationaler Wunschträume ohnehin üppig wuchernde Neigung zur Mythen- und Legendenbildung kräftig zu fördern. Was in dieser Richtung zu beobachten ist, ähnelt dem, was man im Laufe der erhitzten Auseinandersetzungen dieses Winters über die Haltung des Westens gegenüber der polnischen

Tragödie zu hören bekam: daß die westlichen Staatsmänner in Jalta der Aufteilung Europas in eine sowjetische und eine westliche Interessenssphäre zugestimmt und sie mit ihrer Unterschrift besiegelt hätten. Nachdem Bundeskanzler Schmidt mit diesem Stichwort argumentiert hatte, wurde es trotz aller Proteste und Richtigstellungen ungerührt von Staatspräsident François Mitterrand (in einem Interview mit James Reston Ende Januar) wiederholt.

Der Mythos der Stalinschen Wiedervereinigungsofferte ist ebenso unerschütterlich wie der Mythos der Jalta-Vereinbarung zur Preisgabe Osteuropas. Unsere Medien werden nicht müde, es als eine unbezweifelbare historische Tatsache zu verkünden, daß die Sowjetunion damals bereit gewesen sei, der Bildung eines bündnisfreien, bewaffneten, demokratischen, wiedervereinigten Deutschlands zuzustimmen und Ulbricht mit seiner SED höheren sowjetischen Sicherheitsinteressen zu opfern, und daß nur Adenauers starrsinnige Weigerung, sich für dieses Angebot zu erwärmen, die deutsche Wiedervereinigung endgültig zum Scheitern verurteilt habe.

Daß diese Behauptung von den ernstzunehmenden Historikern bezweifelt wird, ficht sie nicht an. Das Gleiche gilt für die Verfasser von Anleitungen und Richtlinien für den historisch-politischen Unterricht in den Schulen. Ihnen stellt sich die Situation von 1952 so dar: Die außenpolitischen Interessen der USA wurden entscheidend von wirtschaftlichen Erwägungen bestimmt; ihre Wahrnehmung wies aggressive Züge auf. Die Sowjetunion dagegen hatte zwar nicht auf ihre aggressive Ideologie verzichtet, aber ihre Politik wesentlich vom Interesse an der Absicherung ihrer neugewonnenen Großmachtstellung her konzipiert. Diese waren wesentlich pragmatischer als die der USA. Es waren die USA, nicht die UdSSR, die als erste den Konflikt artikulierten und damit die entscheidende Wende der Nachkriegsgeschichte markierten. Sie haben der Sowjetunion den Konflikt gleichsam befohlen. Für die Sowjetunion lag die Grenze der existenzsichernden Einflußsphäre nicht notwendig an der Elbe, sondern an Oder und Neisse. Der deutsche Bereich bis zur Elbe war nur das Vorfeld, in dem die

Sowjetunion zu Konzessionen bereit war. Mochte für die USA die deutsche Teilung als vorläufig unvermeidbar vollzogen gelten – nicht so für die Sowjetunion, wie die Entwicklung bis 1952 bewiesen habe. Adenauer sei jedoch zu einer Prüfung des sowjetischen Angebots nicht bereit gewesen, weil es den von ihm als einzig richtig erachteten Westkurs gefährdet hätte. Er und seine Regierung seien dem Konfliktkonzept der Amerikaner gefolgt. Beider Position sei so stark gewesen, daß eine real bestehende Chance nicht wahrgenommen werden konnte. – So steht es wörtlich in einer Anleitung für den Unterricht in der Sekundarstufe I (Bd. 61 der Schriftenreihe der Bundeszentrale für politische Bildung). Wollte man solche Thesen (eine deutsche Version der Behauptungen der in Amerika schon wieder außer Mode gekommenen »revisionistischen« Historiker-Schule) ernst nehmen und Punkt für Punkt widerlegen, so müßte man rekapitulieren, was in der wissenschaftlichen Diskussion seit Jahren bereits ungezählte Male gesagt worden ist. Das wollen wir uns ersparen.

Niemand wollte die Neutralisierung

Es bleibt jedoch eine Frage, die bis zum heutigen Tage vielen nachdenklichen Deutschen Kopfzerbrechen verursacht – auch wenn sie das Angebot der Stalin-Note skeptisch beurteilen. Bei dem Rhöndorfer Gespräch vom vorigen Jahr hat es ein Politiker der Adenauerzeit wie J. B. Gradl, der der Partei des Kanzlers angehörte, aber zusammen mit Jakob Kaiser für eine »Auslotung« der Note eingetreten war, erneut als ein Versäumnis bezeichnet, daß man damals ohne ernsthaften Versuch dazu über die Sowjetinitiative hinweggegangen sei.

Auch Dittmann kommt in seinem oben erwähnten Buch zu dem Schluß, daß der Verzicht auf Viermächteverhandlungen die Wurzel aller Zweifel gewesen sei, denen die Adenauersche Außenpolitik in den folgenden Jahren begegnet sei. Er weist jedoch zugleich darauf hin, daß Viererverhandlungen sofort in ein Dilemma geraten wären: Die von den Sowjets vorgeschlagene Neutralisierung Deutschlands fand nirgends Zustimmung, weder bei den Westmächten noch bei der deutschen Bevölkerung oder den Parteien des Bundestages; niemand wollte eine solche Lösung. Niemand hatte jedoch eine verhandlungsfähige Alternative vorzuschlagen. Das galt, wie Dittmann belegt, insbesondere auch für die SPD, die mit besonderem Nachdruck auf das »Ausloten« gedrängt hatte.

Adenauer hat, das steht außer Zweifel, den bevorstehenden Abschluß der Verhandlungen über das Vertragswerk – Deutschland- und EVG-Vertrag – auf keinen Fall durch diplomatische Sondierungen oder gar eine Vierer-Konferenz verzögern lassen wollen. Er hat alle darauf gerichteten Bestrebungen sofort und kurz entschlossen abgewürgt. Wenn darin ein »Versäumnis« gelegen hat – wie schwer wiegt es im Rückblick nach 30 Jahren?

Die Bundesregierung hatte keine Handlungsfreiheit

Dreierlei ist dazu zu sagen.

Erstens: Adenauer hat seine eigene Politik mit dieser Entscheidung schwer belastet. Sie hat jenen unausrottbaren Mythos entstehen lassen, daß damals die letzte wirkliche Chance für eine Wiedervereinigung vertan worden sei. Das wirkt bis auf den heutigen Tag nach.

Zweitens: Er hätte – auch wenn er diese Folgen geahnt hätte – nicht anders handeln können. Die Vorstellung, die Bonner Regierung hätte damals, ohne die Westverträge selbst zum Scheitern zu bringen, zunächst in Moskau diplomatisch sondieren oder eine Vierer-Konferenz fordern können, ist völlig wirklichkeitsfremd. Die Bundesrepublik stand noch unter einem Besatzungsstatut, daß die Außenpolitik zunächst in vollem Umfang den Besatzungsbehörden vorbehielt, seit der Revision vom 6. März 1951 ihr insoweit begrenzte Handlungsfreiheit einräumte, als es die den Besatzungsmächten weiterhin vorbehaltenen Befugnisse erlaubten – zu den letzteren gehörten aber vor allem die Fragen, die sich auf Deutschland als Ganzes bezogen, das heißt gerade die in der Stalin-Note berührten Fragen. Diplomatische Beziehungen zur

Sowjetunion und eine Botschaft in Moskau gab es nicht. Adressat der Note waren die Westmächte, nicht die Bundesregierung – wenngleich ihr Inhalt natürlich auch auf Wirkung in der Bundesrepublik berechnet war, vor allem auf Wirkung in der Bevölkerung und in der öffentlichen Meinung.

Hätte man geheime Emissäre nach Moskau schicken sollen? Hätte sich ein diplomatischer Vertreter der Bundesrepublik in der Hauptstadt eines dritten Landes (dort gab es solche 1952 bereits) insgeheim mit dem dortigen Sowjetbotschafter treffen sollen, um zu »sondieren« oder »auszuloten«? Abenteuerliche Vorstellungen, wenn man sich die psychologischen Effekte im Westen im Falle eines Bekanntwerdens solcher Kontakte vorstellt – oder die der sowjetischen Seite damit verschaffte Möglichkeit, Bonn mit der Drohung einer Indiskretion zu erpressen; naiv die Vorstellung, bei solchen Sondierungen würde mehr herausgekommen sein, als eine mit etwas veränderten Worten umschriebene Wiederholung dessen, was in der Note schon gestanden hatte – womit man wieder von neuem hätte beginnen können, über den harten Kern des Angebots zu rätseln – und darüber, ob es einen solchen gab.

Oder hätte man den formell korrekten Weg beschreiten und die westlichen Besatzungsmächte (die Adressaten der Note) bitten sollen, durch ihre Botschafter in Moskau zu sondieren? Die diplomatischen Vertreter von Regierungen also, die kein Hehl daraus machten, daß die Schaffung eines neutralisierten Gesamtdeutschlands das letzte war, was sie sich wünschten und zulassen würden? Eine Antwort erübrigt sich.

Minimale Chancen – maximales Risiko

Die gleichen Gründe, die sie überflüssig machen, ergeben sich auch bei der Frage, ob die Bundesregierung bei den Westmächten auf Einberufung einer Viermächte-Konferenz hätte drängen sollen. In welcher Form hätte sie sich abspielen können? Noch 1959 saßen die Vertreter der beiden deutschen Seiten in Genf als »Beobachter« am Katzentisch der Konferenz und waren ausgeschlossen, wenn es in nicht-öffentlichen Sitzungen der großen Vier um wirklich substanzielle Fragen (damals um Berlin) ging. Auf der Berliner Konferenz von 1954 gab es in den Sitzungen überhaupt keine deutschen Vertreter – es gab nur Beobachter außerhalb des Konferenzsaales, die nachträglich von den für sie zuständigen Besatzungsmächten über das unterrichtet wurden, was diese mitzuteilen für gut befanden. Mangels zwischen Ost und West konsensfähiger Vorschläge trug diese Konferenz ohnehin den Charakter einer halböffentlichen Redeschlacht ohne wirkliche Verhandlungssubstanz. Als dritte Möglichkeit hätte man an das Modell der Potsdamer Konferenz mit gewissen Modifikationen denken können (Frankreich, das 1945 nicht dabei war, hätte 1952 natürlich vierter Hauptpartner sein müssen, und ganz ohne Beteiligung der Deutschen wenigstens im Hintergrund wäre es nicht mehr abgegangen). Das hätte dann eine Konferenz sein können, die nicht ein für die Öffentlichkeit bestimmtes Schauspiel gewesen wäre, sondern echte Verhandlung. Mit guten Gründen aber fürchtete man in der Bundesrepublik nichts mehr als eine Rückkehr zu der Konstellation von Potsdam, das heißt zur Einigkeit der vier Siegermächte auf deutsche Kosten.

Welche Form des »Auslotens« die Bonner Regierung auch immer gewählt hätte: Die Aussichten auf greifbare Ergebnisse wären minimal, das Risiko, sich zwischen alle Stühle zu setzen, wäre maximal gewesen.

Um das Risiko zu ermessen, muß man sich die politische Situation des Frühjahrs 1952 vergegenwärtigen: Die Aufhebung des Besatzungsregimes (das nach einem Vorschlag des amerikanischen Außenministers Byrnes von 1946 eine Dauer von 25 Jahren haben sollte, während sich Molotow daraufhin sogleich für 40 Jahre aussprach!) und die Wiedererlangung der deutschen Souveränität war untrennbar mit einem deutschen Verteidigungsbeitrag auf der Seite des Westens verknüpft; französische Widerstände dagegen waren nur mühsam mit dem Plan einer Einbindung deutscher Streitkräfte in eine »Europäische Verteidigungsgemeinschaft« (EVG) zu überwinden. Auch dieser – auf den französischen Ministerpräsidenten Pleven zurückgehende – Plan blieb umstritten, er ist denn auch 1954 in der Französischen Nationalversammlung gescheitert. Pleven war am 8. Januar 1952 gestürzt worden – sein Nachfolger hielt sich nur bis Ende Februar im Amt.

Wenige Tage vor dem Eingang der Stalin-Note war in Paris ein neues Kabinett unter Pinay gebildet worden, in dem Robert Schuman Außen- und René Pleven Verteidigungsminister wurde. Wie lange es sich halten würde, wagte niemand vorauszusagen. In den Vereinigten Staaten begann das Ringen um die Nominierung der Kandidaten für die im November bevorstehende Präsidentenwahl. Bei den Republikanern war bereits der Name Eisenhower im Spiel, aber als aussichtsreicher Rivale stand ihm der Senator Robert Taft gegenüber, dem in seiner außenpolitischen Orientierung isolationistische Neigungen zugeschrieben wurden und der sich schon früher gegen ein verstärktes NATO-Engagement der Amerikaner in Europa ausgesprochen hatte. Im Juli würde sich der Kongreß vertagen; falls die Verträge bis dahin nicht den Senat passiert hatten, wäre eine amerikanische Ratifikation erst wieder im Frühjahr 1953 möglich gewesen; ohne diese war aber auch eine französische Ratifikation undenkbar. In der Bundesrepublik begegneten die Verträge heftigem Widerstand bei der SPD-Opposition, die bereits den Gedanken der Verfassungsklage erwog.

In dieser Situation sprach alles dafür, einen Aufschub der Vertragsverhandlungen für eine hochgradige Gefährdung des Zustandekommens der Verträge überhaupt zu halten – zumal wenn sie durch eine im Westen Mißtrauen erweckende Initiative der Deutschen bewirkt worden wäre. Der Rapallo-Komplex, der bis heute schwelt, war damals noch ungleich lebendiger.

Daß es dann – nach der Unterzeichnung am 26. Mai 1952 – doch noch fast drei Jahre gedauert hat, die Verträge (in der veränderten Fassung vom 23. Oktober 1954) unter Dach und Fach zu bringen, berührt die Stichhaltigkeit dieses Kalküls im März 1952 nicht: Die Verzögerung konnte nicht dem deutschen Partner angelastet werden, sie war nicht vorhersehbar und vor allem grenzte es fast an ein Wunder, daß es im Herbst 1954 durch rasches und entschlossenes Handeln (vor allem Edens und Dulles') gelang, einen Kollaps der

Vertragspolitik zu verhüten und das EVG-Projekt durch den deutschen NATO-Beitritt zu ersetzen.

Entscheidung für den Westen

Weiter: Auch und gerade aus dem Abstand von 30 Jahren spricht wenig dafür, daß damals eine unwiederbringliche Gelegenheit versäumt worden wäre. Selbst wenn man die Möglichkeit außer Betracht läßt, daß es Moskau vor allem um ein Störmanöver zur Verhinderung der bevorstehenden Vertragsunterzeichnung ging (daß dieses Motiv jedenfalls auch eine Rolle gespielt hat, wird kaum bezweifelt werden können); selbst wenn man die (zum Beispiel von Graml vertretene) Ansicht außer Betracht läßt, daß es sich um ein Dokument handelte, das Moskau ein Alibi für die konsequente Vollendung der deutschen Spaltung und für die geplante Aufstellung der »Nationalen Volksarmee« verschaffen sollte; selbst wenn man unterstellt, daß Stalin im Verein mit Berija und Malenkow bereit gewesen wäre, das SED-Regime in freien Wahlen untergehen zu lassen (eine im höchsten Maße unwahrscheinliche Annahme); selbst wenn man alles dieses ausklammert und die Note zum vollen Nennwert nimmt, ergibt sich doch nur ein Angebot, das für die Westmächte unakzeptabel war und dem sie nie zugestimmt hätten; dem auch in der Spitzengruppe der Sowjetführung von vornherein und erst recht nach der Ausschaltung Berijas und Malenkows der Rückhalt fehlte (wie auch Boris Meissner, der die Note für den Ausdruck einer ernsthaften Disengagement-Konzeption gehalten hatte, einräumt); das endlich auch in der Bundesrepublik keine Sympathien weckte und von allen Parteien abgelehnt wurde.

Was eigentlich hätte Adenauer, der ein neutralisiertes Deutschland für verhängnisvoll hielt (weil weder seine Sicherheit noch seine Unabhängigkeit auf diese Weise zu gewährleisten waren und weil es die Deutschen erneut in eine Lage zwischen Ost und West bringen würde, der sie, wie schon in der Vergangenheit, psychologisch nicht gewachsen sein würden) veranlassen sollen, um eines solchen Angebotes willen die bevorstehende Aufnahme in die

Gemeinschaft des Westens auf Spiel zu setzen? Ein fast unterschriftsreifer Vertrag auf der einen Seite – eine Hoffnung, die er noch dazu für trügerisch hielt, auf der anderen Seite. McCloy, so berichtete in Rhöndorf ein anderer Mitstreiter des Kanzlers aus seiner Partei, habe dem Ratsuchenden keinen Zweifel gelassen, daß man sich entscheiden müsse. Bucerius (der damalige Gesprächspartner) heute: »Innerhalb weniger Tage mußten wir sagen: mit euch – oder ohne euch. Wir haben uns für den Westen entschieden.«

4. Die Grundentscheidung der Bundesrepublik

Am 26. Mai 1952 wurde der Deutschland-Vertrag unterzeichnet
– 1982 –

Im Juni wird Bonn der Schauplatz einer Gipfelkonferenz der Regierungschefs aller NATO-Staaten sein, vor einigen Jahren sah es den »Wirtschaftsgipfel« der großen Industrienationen. Außenminister-Treffen – sei es der Europäischen Gemeinschaft, sei es der NATO – fanden mehrfach in Bonn statt, ganz zu schweigen von den unzähligen bilateralen Begegnungen auf beiden Ebenen. Dieses alles erscheint uns heute selbstverständlich und nicht weiter des Aufhebens wert. Aber es sollte nicht vergessen werden, daß dieses die Folge eines politischen Erholungs- und Konsolidierungsprozesses ist, der vor 30 Jahren, am 26. Mai 1952, begann und seinen symbolischen Ausdruck in dem ersten, in Bonn abgehaltenen Außenminister-Treffen nach dem Kriege fand. Damals war es ein außerordentliches Ereignis, daß die Außenminister der drei Westmächte – die noch Besatzungsmächte waren – in die Bundeshauptstadt (sie war es noch nicht einmal drei Jahre) kamen, um hier ein Vertragswerk zu unterzeichnen, das dem Besatzungsregime ein Ende setzen und die Bundesrepublik in die Gemeinschaft des Westens aufnehmen sollte. Der Vertrag trug den schwerfälligen und nicht besonders aussagekräftigen Namen »Vertrag über die Beziehungen zwischen der Bundesrepublik Deutschland und den Drei Mächten«. Adenauer gab ihm – aus gut entwickeltem Sinn für Publikumswirksamkeit und ohne seine Vertragspartner lange zu befragen – sofort den inoffiziellen Namen »Deutschland-Vertrag«, ein Name, der sich im deutschen öffentlichen Sprachgebrauch rasch durchsetzte. Er war verknüpft mit dem »Vertrag über die Europäische Verteidigungsgemeinschaft«, der am nächsten Tage, dem 28. Mai, in Paris unterzeichnet wurde; nur zusammen mit diesem konnte er in Kraft treten.

Die Ratifikation dieses zweiten Vertrages scheiterte nach langwierigen Auseinandersetzungen im August 1954 in der Französischen Nationalversammlung. Nur eine im Herbst 1954 rasch improvisierte Ersatzlösung (die den direkten Beitritt der Bundesrepublik zur NATO unter Verzicht auf die EVG vorsah) machte es möglich, daß der »Deutschland-Vertrag« schließlich doch, in einer verkürzten und vom deutschen Standpunkt verbesserten Fassung, am 23. Oktober 1954 im Rahmen der »Pariser Verträge« noch einmal unterzeichnet und im Mai 1955 von allen Vertragspartnern ratifiziert und in Kraft gesetzt werden konnte. Erst damit gewann die Bundesrepublik nach langen Jahren der Besatzung ihre Souveränität und Handlungsfreiheit.

Schwierige Verhandlungen und eine karge Unterzeichnungszeremonie

Der Unterzeichnungsakt am 26. Mai 1952 bildete den Abschluß langwieriger und schwieriger Verhandlungen, die ein Jahr zuvor, im Mai 1951, auf dem Petersberg begonnen hatten, der damals noch der Sitz der Alliierten Hohen Kommission, der obersten Besatzungsbehörde, war. Im September 1938 hatte man hier während der Sudetenkrise den britischen Premierminister Neville Chamberlain einquartiert; auf der anderen Rheinseite, im Godesberger Rhein-Hotel Dreesen, hatte Hitler Quartier bezogen und empfing dort seinen britischen Gast zu jenen Gesprächen, die nach weiterer Zuspitzung der Krise schließlich zur Münchener Konferenz führten, wo man das Sudetengebiet von der Tschechoslowakei abtrennte. 1951 war das Hotel Dreesen Sitz des französischen Hohen Kommissars – André François Poncet – und Verhandlungen des Bundeskanzlers mit den drei Hohen Kommissaren fanden, wenn die Franzosen den Vorsitz führten, dort statt.

Gegenüber vom Hotel Dreesen steht heute der Neubau der französischen Botschaft, kaum 100 Schritte flußabwärts die Residenz des britischen Botschafters, eine renovierte Jugendstil-Villa. 1952 steckte die Bundeshauptstadt noch in den Anfängen, die Spitzen der Besatzungsmächte mußten sich ebenso wie die Bundesregierung mit improvisierten Behelfsquartieren abfinden. Nur einige Flügel der späteren amerikanischen Botschaftskanzlei an der Deichmannsaue in Mehlem standen bereits. Der Bundeskanzler konnte den Außenministern und ihren Delegationen am Vorabend der Unterzeichnung ein Essen nur in den unteren Räumen des Palais Schaumburg geben, die praktisch aus dem Kabinettsaal und einem angrenzenden Salon bestanden. Wenn dort die Tische gedeckt waren, gab es keinen weiteren Empfangsraum, in dem sich die Gäste versammeln konnten. Schloß Augustusburg in Brühl, wo heute Staatsgäste empfangen werden, war damals nur im Sommer benutzbar.

Für den Unterzeichnungsakt hatte man mit einigen Mühen den Bundesratssaal im Bundeshaus hergerichtet – in dem damals noch nicht durch die späteren Neubauten erweiterten Gebäude der früheren Pädagogischen Akademie. Die Bilder zeigen einen nüchternen, kahlen Raum, dessen Wände man mit einigen für diesen Zweck ausgeliehenen Gobelins dekoriert hatte. An einem langen, mit Stoff verkleideten Tisch war nur den Ministern und den Hohen Kommissaren eine Sitzgelegenheit geboten. Dahinter einige eng gedrängte Stuhlreihen, viele Beteiligte aus dem zweiten Glied – Ministerialbeamte, Diplomaten aus der Begleitung der Minister und den alliierten Missionen – mußten sich mit einem Stehplatz begnügen. Presse und Kameraleute drängten sich auf einer Balustrade. Vor dem kleinen Tisch, an dem jeder der vier Minister einzeln (Adenauer in seiner Eigenschaft als Bundesaußenminister) seine Unterschrift unter die Dokumente setzen sollte, stellten sich die vier zum Gruppenphoto: in der Mitte Robert Schuman, gelöst und freundliche Bonhomie ausstrahlend, flankiert von Antony Eden, wie stets in korrekter Eleganz und sichtlich noch unbeschwert von Sorgen jenes Kalibers, die seine Züge später als Premierminister zur Zeit der Suez-Krise zeichneten; auf der anderen Seite von Dean Acheson, dem Nachfolger General Marshalls als Secretary of State, dem nicht minder eleganten Gentleman aus Neu-England, dessen Selbstbewußtsein von den giftigen Angriffen unberührt schien, die aus der Umgebung des Senators McCarthy auch gegen ihn bereits gerichtet wurden.

Wie angehängt an diese drei stand als vierter Konrad Adenauer in dieser Reihe, man sieht es seiner Haltung und seiner Miene an, daß er sich in dieser Umgebung noch fremd fühlte – ganz anders als zwei Jahre später bei der Unterzeichnungszeremonie in Paris, wo er sich offensichtlich schon als »Insider« im Club der westlichen Außenminister fühlte: In dem Gruppenbild vom Oktober 1954 ist es Mendès-France (mit dem es wegen der Saarfrage bis zum letzten Augenblick Schwierigkeiten gegeben hatte), der ein wenig distanziert und reserviert abseits steht und zusieht, wie John Foster Dulles und Anthony Eden mit Adenauer herumalbern, um ihn auf seinen nur noch vom Alphabet bestimmten Platz inmitten des Kreises der vier zu komplimentieren.

Tiefgreifender Stimmungsumschwung im Amerika

Auch in dieser Veränderung des psychologischen Klimas kommt die Wirkung der Vertragsunterzeichnung am 26. Mai 1952 zum Ausdruck. In den folgenden zwei Jahren, in denen das Schicksal des nichtratifizierten Vertrages noch in der Schwebe blieb, festigte sich die Position der Bundesrepublik unerwartet rasch. Als Adenauer im Frühjahr 1953 seinen ersten Besuch in den Vereinigten Staaten machte, wurde er dort nicht nur von dem inzwischen zum Präsidenten gewählten General Dwight D. Eisenhower und seinem neuen Außenminister John Foster Dulles, sondern von einer breiten amerikanischen Öffentlichkeit mit einer Wärme und einem Respekt begrüßt, die angesichts des gegenwärtigen Standes der deutsch-amerikanischen Beziehung fast unvorstellbar sind. Ich habe damals diese Tage in Washington selbst miterlebt, habe mich dann von der Kanzlerdelegation getrennt und bin viele Wochen durch das ganze Land gereist. In zahlreichen Vortragsveranstaltungen und Diskussionen zeigte sich immer wieder, daß hier ein tiefgreifender Stimmungsumschwung stattgefunden hatte, den man in den ersten Nachkriegsjahren nie für möglich gehalten hätte.

Adenauers Kalkulation, daß man eine Reihe von Vertragsbestimmungen in Kauf nehmen könne – alliierte Vorbehaltsrechte und andere Belastungen, die in der deutschen Öffentlichkeit heftig kritisiert wurden – erwies sich sehr rasch als richtig: Sie standen zwar auf dem Papier, erlangten aber keine praktische Bedeutung, weil sich das politische Gewicht der Bundesrepublik durchsetzte, die man als volles Mitglied der westlichen Staatengemeinschaft brauchte.

Daß man in Bonn den Sirenenklängen der Stalin-Note vom 10. März 1952 widerstanden und am 26. Mai mit der Vertragsunterzeichnung sich klar und eindeutig für die Zugehörigkeit zur westlichen Bündnisgemeinschaft entschieden hatte, bildete den Grundstein eines politischen Vertrauensverhältnisses, das sich dann rasch festigte. Verständigung mit Frankreich und finanzielle Wiedergutmachung an den Opfern der Judenverfolgung – Schuman-Plan und Israel-Vertrag – trugen dazu bei, ebenso wie der wirtschaftliche Wiederaufbau und die reibungslose Eingliederung von Millionen von Vertriebenen und die innenpolitische Stabilität der neuen Republik. In der Krise vom Herbst 1954, als das Vertragswerk an der Ablehnung der EVG-Ratifikation durch die französische Nationalversammlung zu scheitern drohte, bewährte sich Bonn als flexibler und undogmatischer Partner, dessen kooperative Haltung für die rasche Überwindung der Krise von entscheidender Bedeutung war. Auf diesem Hintergrund konnte das am 26. Mai 1952 unterzeichnete Vertragswerk in einer revidierten und verbesserten Fassung am 23. Oktober 1954 bestätigt und ein halbes Jahr später in Kraft gesetzt werden.

Züge eines »Ersatzfriedensvertrages«

Der Deutschland-Vertrag war kein Friedensvertrag. Es ist eines der betrüblichen Merkmale unserer Epoche, daß die Kunst des Friedenschließens weitgehend verlorengegangen ist. Die kriegerischen Auseinandersetzungen in Korea, Indochina, im Mittleren Osten oder wo immer sie sich seit dem Ende des Zweiten Weltkrieges abgespielt haben, sind allenfalls mit einem Waffenstillstandsabkommen, meist mit der bloßen faktischen Einstellung der Feindseligkeiten beendet worden. (Eine der wenigen Ausnahmen: der im Camp David ausgehandelte ägyptisch-israelische Friedensvertrag von 1979.) Die nach dem Ende des Zweiten Weltkrieges von den Siegermächten mit Italien, Finnland, Ungarn, Rumänien und Bulgarien geschlossenen Friedensverträge von 1947 waren ihrem Wesen nach mehr einseitige Friedensregelungen als echte Friedensverträge; zu ihrem Inkrafttreten bedurfte es keiner Ratifikation durch die Bündnispartner des Dritten Reiches. Dem Friedensvertrag von San Francisco mit Japan (1951) verweigerte die Sowjetunion ihre Unterschrift.

Ein Friedensvertrag mit (oder für) Deutschland kam nie zustande, war nie Gegenstand konkreter Verhandlungen, wenngleich in der sowjetischen Propaganda die Forderung nach einem solchen Friedensvertrag lange Zeit eine bedeutende Rolle gespielt hat. Moskau kleidete sein deutschlandpolitisches Programm mit Vorliebe in die Form von Friedensvertragsentwürfen. Ende der fünfziger Jahre handelte es sich daher meist um Entwürfe für einen Friedensvertrag mit zwei deutschen Staaten – oder, auf dem Höhepunkt der Berlin-Krise, um die Drohung, einen separaten Friedensvertrag mit der DDR abzuschließen. Im Frühjahr 1952 war davon noch nicht die Rede; Stalins Note vom 10. März 1952, die in die Schlußphase der Bonner Vertragsverhandlungen platzte, war begleitet von dem Entwurf eines Friedensvertrages, der mit einer einzigen gesamtdeutschen Regierung abgeschlossen werden sollte. Wenn der Westen darauf nicht einging, so vor allem deshalb, weil die darin vorgeschlagene Neutralisierung Deutschlands weder von den Westmächten noch von der Bundesregierung, noch von sämtlichen Parteien des Bundestages und der Öffentlichkeit der Bundesrepublik für verhandlungsfähig gehalten wurde. Auch legte der Zeitpunkt der Absendung der Note den Verdacht nahe, daß es sich vor allem um ein taktisches Manöver zur Vereitelung der bevorstehenden Unterzeichnung des Deutschland-Vertrages handelte.

Dieser trug in seinem Inhalt zwar viele Züge eines Ersatzfriedensvertrages mit den drei Westmächten (dies gilt insbesondere für den umfangreichen »Zusatzvertrag« zur »Regelung aus Krieg und Besatzung entstandener Fragen« mit seinen detaillierten Bestimmungen über Kriegsverbrecher, Dekartellierung und Entflechtung, Rückerstattungen, Reparationen, verschleppte Personen und Flüchtlinge, zivile Luftfahrt – um nur die wichtigsten Stichworte zu nennen –), ging aber grundsätzlich davon aus, daß ein Friedensvertrag noch geschlossen werden würde und die endgültige Entscheidung einiger grundlegender Fragen (wie zum Beispiel die künftigen Grenzen Deutschlands oder die Regelung der Reparationen) diesem vorbehalten bleiben müsse.

Heute, nach Ablauf von 30 Jahren, ist die Frage eines Friedensvertrags praktisch gegenstandslos geworden: es wird aller Voraussicht nach zu einem solchen nicht mehr kommen. Soweit der Deutschland-Vertrag noch Fragen offen gelassen hatte, sind sie weitgehend durch die Ostverträge, den Grundlagenvertrag mit der DDR, das Viermächteabkommen über Berlin und die Schlußakte von Helsinki ihrer politischen Bedeutung entkleidet worden. Zwar hat die Bundesregierung auch beim Abschluß dieser Verträge den Friedensvertragsvorbehalt des Deutschland-Vertrages aufrechterhalten und das Bundesverfassungsgericht hat die Rechtswirksamkeit dieses Vorbehalts bestätigt, aber niemand kann sich noch der Illusion hingeben, daß die Grenzfrage dadurch noch offen gehalten werde.

Die Reparationsfrage ist schon 1953 von der sowjetischen wie von der polnischen Regierung für erledigt erklärt worden. Soweit von anderer Seite noch Reparationsforderungen geltend gemacht werden sollten, wird das die Hauptbeteiligten des Zweiten Weltkrieges kaum veranlassen, die Frage eines Friedensvertrages noch für akut zu halten.

Der Deutschland-Vertrag nach dreißig Jahren

Die heutige Stellung der Bundesrepublik Deutschland in der Welt beruht auf einer Reihe grundlegender politischer Entscheidungen, die mit der Unterzeichnung des Deutschland-Vertrages begann; 1954/55 folgte der Beitritt zur NATO; 1955 die Aufnahme diplomatischer Beziehungen mit der Sowjetunion; 1957 die Unterzeichnung der Römischen Verträge, mit denen die Europäische

Wirtschafts-Gemeinschaft begründet wurde, später erweitert zur Europäischen Gemeinschaft der zehn und ergänzt durch die Institutionen der Europäischen Politischen Zusammenarbeit (EPZ); 1963 legte der deutsch-französische Vertrag die institutionelle Grundlage zu einer engen Zusammenarbeit mit Frankreich; 1970 bereinigten der Moskauer und der Warschauer Vertrag, 1971 der Prager Vertrag das Verhältnis zum Osten, ergänzt durch den Grundlagenvertrag mit der DDR und das Viermächteabkommen mit Berlin – insgesamt ein Vertragswerk, das einen modus vivendi und normale diplomatische Beziehungen mit der kommunistischen Staatenwelt Osteuropas herstellte. Die Anerkennung der DDR als zweiter deutscher Staat (mit welchen Vorbehalten in bezug auf die völkerrechtliche Natur der gegenseitigen Beziehungen auch immer) bildete die Voraussetzung für den Eintritt der Bundesrepublik in die Vereinten Nationen; 1975 folgte die Unterzeichnung der Schlußakte von Helsinki. Seit 1977 gehört die Bundesrepublik zu dem Kreis der großen westlichen Industrienationen, der auf alljährlichen Gipfelkonferenzen die Probleme der Weltwirtschaft berät.

Der Deutschland-Vertrag war nicht nur die erste, sondern auch die wichtigste dieser Grundentscheidungen. Die Bonner Unterschrift vom 26. Mai 1952 war die Voraussetzung für alle folgenden Schritte. Die meisten damals heißumstrittenen Klauseln haben ihre praktische Bedeutung eingebüßt: die Notstandsrechte der drei Mächte, die besonders heftig angefeindete »Bindungsklausel«, die noch im letzten Augenblick zu scharfen Auseinandersetzungen im Bundeskabinett (besonders mit Jakob Kaiser) geführt hatte, die Entflechtungsauflagen für die deutsche Industrie. Wirksam gebliebe sind andere Elemente des Vertragswerkes, die für die Stabilisierung des jungen und vielen äußeren Gefährdungen ausgesetzten Staatswesens entscheidend waren: die Schutz- und Garantiefunktion der drei Mächte in bezug auf Berlin; die langfristige Stationierung westlicher, insbesondere amerikanischer Truppen im Bundesgebiet; der Aufbau eigener Verteidigungskräfte; die Vierer-Verantwortung für Deutschland als Ganzes, das letzte völkerrechtliche Band, das die beiden Teile Deutschlands noch übergreift.

Soll man zu diesen Vertragselementen von bleibender Bedeutung auch das Bekenntnis des Westmächte zum Ziel der Wiedervereinigung rechnen? Die an der Formulierung des Vertragstextes mitwirkenden deutschen Unterhändler haben sich auch damals keine Illusionen über eine westliche Bereitschaft gemacht, sich für dieses Ziel zu engagieren. Solange die deutschen Bundesregierungen selbst darauf verzichten, diesem Ziel praktische Bedeutung beizumessen, ist die Frage ohnehin gegenstandslos. Ob sie unter veränderten Umständen noch einmal aufleben wird, läßt sich heute nicht sagen. Es gibt zuweilen »schlafende« Vertragsbestimmungen, die wieder zum Leben erweckt werden können. Man sollte sie nicht ohne zwingenden Anlaß für tot erklären.

5. Die Vereinigten Staaten und die Einheit Deutschlands

– 1983 –

Die deutsch-amerikanische Partnerschaft, die in den dunklen Tagen der Berliner Blockade und der Luftbrücke entstanden war und die mit Adenauers Besuch in Washington 1953 einen ersten Höhepunkt erreichte und sich in den folgenden Jahren immer fester und enger gestaltete, stand von Anbeginn im Schatten der Auseinandersetzungen über die deutsche Frage – über die Vermeidbarkeit oder Unvermeidbarkeit der Teilung, über die Möglichkeiten der Wiedervereinigung, über den Verantwortungsanteil der Westmächte und insbesondere der Vereinigten Staaten an dieser Entwicklung.

Die Neutralisierung Deutschlands: keine ernstzunehmende Option

Unter den vielen Geschichtslegenden, die bei uns kursieren, gibt es auch jene, daß die West-Verträge den entscheidenden Schritt zur Teilung Deutschlands bedeutet hätten und daß sie die Wiederherstellung der Einheit Deutschlands für immer verhindern würden. Um eine Legende handelt es sich dabei deshalb, weil es in den fünfziger Jahren ebensowenig wie zu irgendeinem anderen Zeitpunkt seit 1947 eine ernsthafte Chance zur Wiedervereinigung gegeben hatte. Mit den Pariser Verträgen hat die Bundesrepublik, hat ihr damaliger Kanzler Adenauer nur die Konsequenzen aus dieser Lage gezogen – die einzige realpolitische Konsequenz, die es damals gab, wenn man nicht einfach passiv bleiben und sich weiterhin als willenloses Objekt der Siegermächte behandeln lassen wollte.

Konnte man aber den Bekenntnissen zur Wiedervereinigung trauen, die John Foster Dulles ebenso häufig wie nachdrücklich abgab, oder hielten die Vereinigten Staaten – wenn nicht offen, so doch insgeheim – an jenen Zielen der Aufteilung Deutschlands fest, die unter Roosevelt aufgestellt und beraten worden waren und unter denen der Morgenthau-Plan nur eine Variante unter mehreren bildete? Auch in unseren Tagen wird diese Frage immer noch diskutiert, und es gibt keine übereinstimmende Antwort darauf.

Was die Verantwortung für den Lauf der Dinge in der Vergangenheit anlangt, so muß man den Vereinigten Staaten (ebenso wie den anderen Westmächten) zubilligen, daß sie ebensowenig wie Adenauer eine realpolitische Möglichkeit hatten, die Teilung abzuwenden: ohne die Zustimmung der Sowjetunion konnte die Einheit Deutschlands nicht bewahrt oder wiederhergestellt werden. Ein entmilitarisiertes und neutralisiertes Deutschland, wie es einigen deutschen Träumern vorschwebte, hätte bei jeder Zuspitzung der Ost-West-Konfrontation für die Deutschen sowohl wie für die Westmächte ein schwer erträgliches Risiko, einen Gefahrenherd erster Ordnung gebildet und konnte niemals als eine ernst zu nehmende Option angesehen werden – sowenig wie sie es heute kann.

Die geschichtliche Verantwortung für die Teilung Deutschlands trägt eindeutig jene der vier Siegermächte, die nach 1945 den Kontrollrat für ganz Deutschland planmäßig lähmte, eine einheitliche Zentralverwaltung, wie sie das Potsdamer Abkommen vorgesehen hatte, verhinderte, die einheitliche Stadtverwaltung Großberlins zu usurpieren trachtete und sie damit sprengte – alles dieses, weil ihr die gesellschaftspolitische Gleichschaltung ihrer Besatzungszone wichtiger war als die Einheit Deutschlands.

Deutschland als Ganzes: ein rechtlich unklarer Begriff

Als in der ersten Hälfte der fünfziger Jahre deutlich wurde, daß die Sowjetunion kein einheitliches Deutschland mit einer freiheitlichen und demokratischen Verfassung und offener Gesellschaft zulassen würde, haben sich die Vereinigten Staaten und die beiden anderen Westmächte im Deutschland-Vertrag und im Zusammenhang mit der Aufnahme der Bundesrepublik in das atlantische Verteidigungsbündnis verpflichtet, für die Wiederherstellung der deutschen Einheit zu wirken und mit der Bundesrepublik für die Verwirklichung dieser Zielsetzung zusammenzuarbeiten.

Was unter einem »wiedervereinigten Deutschland« im Sinne des Artikels 7, II des Deutschland-Vertrages zu verstehen sei, ist im Vertragstext nirgends definiert worden: War nur die Vereinigung von Bundesrepublik, DDR und Berlin gemeint – oder auch die Eingliederung der Ostgebiete jenseits der Oder-Neiße-Linie bis hin zu den Grenzen vom 31. Dezember 1937, die nach den (Berliner) Proklamationen der Besatzungsmächte vom Juni 1945 und – unausgesprochen – auch nach dem Potsdamer Abkommen für die Abgrenzung des Besatzungsgebiets »Deutschland« maßgeblich sein sollten?

Auch die Präambel des Grundgesetzes, die die Wiedervereinigung zu einem alle Bundesorgane verfassungsrechtlich bindenden Gebot erhoben hat (»Das gesamte deutsche Volk bleibt aufgefordert, in freier Selbstbestimmung die Einheit und Freiheit Deutschlands zu vollenden«), hat die Tragweite dieses Gebots nicht genau definiert. Einige Verfassungsrechtler sind der Ansicht, daß nach dem Sinnzusammenhang wie nach der Entstehungsgeschichte dieses Verfassungssatzes die Wiedervereinigung in den Grenzen von 1937 als Zielvorstellung festgeschrieben worden sei. Das Bundesverfassungsgericht folgt dieser Ansicht nicht, und der Text des Grundgesetzes bietet ihr keine ausreichende Stütze.

Keine Verpflichtung der Westmächte für ein Gesamtdeutschland in den Grenzen 1937

In den frühen fünfziger Jahren, als die Frage der Wiedervereinigung durch freie Wahlen noch Gegenstand innerdeutscher und internationaler Diskussion war, hat man darunter immer nur die Zusammenführung von Bundesrepublik, DDR und Berlin verstanden. Das vom Deutschen Bundestag am 2. Februar 1952 beschlossene »Gesetz über die Grundsätze für die Freie Wahl einer Verfassunggebenden Deutschen Nationalversammlung« sah die Abhaltung solcher Wahlen »in den vier Besatzungszonen Deutschlands und in Berlin« vor. Nachdem das Potsdamer Abkommen die Gebiete östlich der Oder und Neiße zum Zwecke geplanter Gebietsveränderungen polnischer oder sowjetischer Verwaltung unterstellt hatte, waren diese Gebiete aus der sowjetischen Besatzungszone ausgeschieden. Seitdem gehörten sie weder im deutschen noch im Sprachgebrauch der Besatzungsmächte zu einer der vier Besatzungszonen.

Man stößt häufig auch auf die Ansicht, die im Artikel 7, II des Deutschland-Vertrages verankerte Verpflichtung der Westmächte auf das Ziel der Wiedervereinigung beziehe sich ebenfalls auf ein Staatsgebilde in den Grenzen von 1937 (das heißt auf das Vorkriegsreichsgebiet ohne die Annexionen von 1938/39, also ohne Österreich, Böhmen-Mähren, Memel, Danzig, den polnischen »Korridor«). Zur Unterstützung dieser Ansicht wird meist auf Artikel 7, I des Vertrages verwiesen, in dem die Vertragschließenden ihr Einverständnis darüber erklären, daß die endgültige Festlegung der Grenzen Deutschlands »bis zu einer friedensvertraglichen Regelung für ganz Deutschland« aufgeschoben werden müsse. Aber dieses Zitat beweist nicht das, was manche gern aus ihm herauslesen möchten: Es beweist keine Verpflichtung der Westmächte auf das Ziel eines gesamtdeutschen Staates in den Grenzen von 1937. Bei der Verhandlung des Deutschland-Vertrages (ich habe diese Verhandlungen auf der Arbeitsebene selbst geführt) haben wir auf der deutschen Seite nie annehmen können (und haben auch nicht angenommen), daß die Westmächte bereit seien, eine deutsche Forderung auf Rückgabe der Ostgebiete jenseits von Oder und Neiße zu unterstützen.

In einem 1952 veröffentlichten Kommentar zum Deutschland-Vertrag habe ich damals festgestellt: »Eine vertragliche Verpflichtung der drei Westmächte, die Wiedervereinigung Deutschlands in diesem territorialen Umfang zu erstreben, wäre . . . in Widerspruch zu gewissen Verpflichtungen getreten, welche einige dieser Mächte in Jalta und Potsdam in bezug auf die Unterstützung polnischer und sowjetischer Gebietsansprüche übernommen haben.« Eine Verpflichtung, die Wiedervereinigung Deutschlands in den Grenzen vom 31. Dezember 1937 anzustreben, sei von den drei Mächten nicht übernommen worden, »wenn es auch inzwischen zweifelhaft geworden sein mag, ob die in Jalta und Potsdam gemachten Zusagen noch als bindend betrachtet werden.« Allenfalls lasse sich aus Artikel 7, I entnehmen, daß eine territoriale Lösung für das wiedervereinigte Deutschland gefunden werden müsse, die einen »dauerhaften Frieden« gewährleistet.

Die Formulierungen des Deutschland-Vertrages kamen den deutschen Wünschen insofern entgegen, als sie die Frage der deutschen Ostgrenzen offen ließen und die Bundesrepublik nicht nötigten, einen endgültigen formellen Verzicht auf die Ostgebiete zu unterschreiben – was damals Millionen von Vertriebenen empört hätte. Aber dieses Entgegenkommen bedeutete nicht und kann auch nachträglich nicht so gedeutet werden, als ob die Westmächte versprochen hätten, deutsche Gebietsforderungen in bezug auf die Ostgebiete zu unterstützen. In diesem so zu begrenzenden Umfang ist die Verpflichtung der Vereinigten Staaten und der beiden anderen Westmächte nach wie vor gültig und durch nichts außer Kraft gesetzt worden, was in den letzten dreißig Jahren geschehen ist. Weder die deutschen Ostverträge noch das Vier-Mächte-Abkommen über Berlin, weder die Entspannungspolitik noch die diplomatische Anerkennung der DDR haben daran etwas geändert. Stets wurde von westlicher Seite die fortdauernde Gültigkeit der Vier-Mächte-Vereinbarungen mit der Sowjetunion von 1945 sowie der innerwestlichen Verträge (Deutschland-Vertrag und NATO-Mitgliedschaft) ausdrücklich vorbehalten.

Den Pragmatismus der Amerikaner in Rechnung stellen

Eine Vertragsbestimmung mag noch so eindeutig und rechtsverbindlich sein – eine ganz andere Frage bleibt es, ob sie eine politische Realität ist, ob hinter ihr ein ernsthafter und aufrichtiger Wille steht, sie zu erfüllen und zu verwirklichen. Und noch einmal eine andere, dritte Frage ist es, ob selbst beim Vorhandensein eines solchen ernsthaften Willens eine reale Möglichkeit gegeben ist, das angestrebte Ziel, auf das man sich verpflichtet hat, zu erreichen, ob die politische Lage, die Machtverhältnisse in der Welt, die Notwendigkeit der Friedensbewahrung das erlauben.

Diese beiden letzten Fragen, die man logisch unterscheiden kann und muß, hängen auf das engste miteinander zusammen und lassen sich nicht trennen. Es ist nun einmal eine Lebenstatsache und Lebenserfahrung, daß der Wille zur Erfüllung einer Verpflichtung im Lauf der Zeit erlahmt, wenn diese Erfüllung aus Gründen, die der Verpflichtete nicht zu vertreten hat, unmöglich ist. Dies trifft in besonderem Maße für eine Nation wie die amerikanische zu, deren – unbezweifelbarer – Idealismus doch zugleich mit einem realitätsbezogenen Pragmatismus verbunden ist, der ihn intensiv durchdringt und der verhütet, daß sich die Amerikaner in wirklichkeitsfremde Spekulationen verlieren. Diese sehr charakteristische Eigenart der amerikanischen Mentalität habe ich in den späten fünfziger und frühen sechziger Jahren immer wieder zu spüren bekommen, als ich im ganzen Lande zahlreiche Vorträge und Diskussionsveranstaltungen abzuhalten hatte, die sich um die deutsche Frage drehten. Es gab in jenen Jahren überall, an der Ostküste wie im mittleren Westen und an der pazifischen Küste, eine breite Welle der Sympathie für die deutsche Forderung nach Wiedervereinigung. Immer aber kam sofort die Frage: Auf welchem Wege und mit welchen Mitteln kann die Einheit Deutschlands wiederhergestellt werden? Darauf konnten wir keine Antwort geben, die den praktischen Sinn der Amerikaner befriedigte. Alle Gespräche und Konferenzen mit den Russen hatten sich als fruchtlos erwiesen: Berlin 1954, Genf 1955, Moskau 1955, Genf 1959.

Wir konnten daher nur sagen: Man muß die deutsche Frage so lange offenhalten, bis sich die weltpolitische Konstellation und insbesondere die Sicherheitslage in Europa verändert. Das kann sehr lange dauern und ist keine Frage von Jahren, sondern von Jahrzehnten. Damit konnten die meisten Amerikaner nicht viel anfangen. Ihr politisches Denken ist kurzfristiger. Das sind psychologische Tatsachen und Gegebenheiten, die wir ganz nüchtern in Rechnung stellen müssen, wenn wir bemerken, daß die Frage der deutschen Einheit heute in den Vereinigten Staaten weniger Widerhall findet als vor dreißig Jahren.

Entspannungspolitik und Status quo in Europa

Es kommt ein anderes Element hinzu, das für die Frage der deutschen Einheit abschwächend gewirkt hat. Der Westen hat nach der Bewältigung der Kuba-Krise von 1963, der gefährlichsten Zuspitzung des Ost-West-Gegensatzes seit Kriegsende, seine politische Strategie geändert. Der kalte Krieg wurde beendet und ersetzt durch die Entspannungspolitik. Die Initiative zu dieser neuen Politik ging von den Westeuropäern und den Vereinigten Staaten aus. Kennedy war der erste prominente Befürworter dieser Politik, die von seinen Nachfolgern Johnson, Nixon, Ford und Carter fortgesetzt wurde.

Die Bundesrepublik hat sich dieser Politik angeschlossen, schon in den Zeiten der Großen Koalition, als sie 1967 dem neuen, im Harmel-Bericht niedergelegten Programm der NATO (Verteidigung und Entspannung als gleichermaßen verbindliche Zielsetzung) zustimmte. Unter der sozialliberalen Koalition hat sie sich mit ihrer Ostpolitik sogar an die Spitze dieser Tendenz gesetzt. Entspannungspolitik setzte jedoch voraus, daß man sich mit dem Status quo in Europa – das heißt mit der Teilung Europas und Deutschlands – abzufinden bereit war, wenn nicht endgültig, so doch im Sinne eines Modus vivendi für die nähere Zukunft.

Das war in der Tat die Geschäftsgrundlage der deutschen Ost-Verträge einschließlich des Grundlagenvertrages mit der DDR. Es wurde auch die Basis des Vier-Mächte-Abkommens über Berlin und der Schlußakte von Helsinki. Gewiß hat sich die deutsche Seite im letzten Augenblick bemüht, beim Abschluß des Moskauer Vertrages in dem sogenannten »Brief zur deutschen Einheit« klarzustellen, daß die Wiedervereinigung Ziel der deutschen Politik bleibe und durch den Inhalt des Vertrages nicht berührt werde. Das war indessen nur eine einseitige Erklärung der Bundesrepublik, mit der sie ihre Auslegung des Vertrages der anderen Seite zur Kenntnis gab. Auch beim Abschluß des Berlin-

Abkommens und der Akte von Helsinki wurde darauf Bedacht genommen, Formulierungen zu vermeiden, die das Fernziel der deutschen Einheit präjudizieren würden.

Wir würden uns jedoch einer Selbsttäuschung hingeben, wenn wir glauben würden, mit solchen juristischen Subtilitäten den in der Weltöffentlichkeit erweckten Eindruck verwischen zu können, daß sich die Bundesrepublik mit dem Status quo der Teilung und der deutschen Ostgrenzen abgefunden habe. Vielleicht können wir uns in diplomatischen Notenwechseln, in Auseinandersetzungen zwischen Regierungskanzleien oder vor einem internationalen Gerichtshof auf diese Vorbehalte und Auslegungen – mit mehr oder weniger Erfolg – berufen. Die öffentliche Meinung im befreundeten und erst recht im weniger befreundeten Ausland nimmt davon wenig Notiz. Dort ist die Frage der deutschen Einheit eine Angelegenheit, die man seit der ersten Hälfte der siebziger Jahre für erledigt hält, und man kann sich dabei sogar auf viele Stimmen aus der Bundesrepublik berufen, die der gleichen Meinung Ausdruck geben.

Ich will damit nicht die innerdeutsche Auseinandersetzung um die Ost-Verträge wieder beleben. Die Verträge sind ein geschichtliches Faktum, das als solches akzeptiert werden muß und mit dem wir leben müssen, und die Politik, die zu ihnen führte, war, wenn nicht in allem, so doch in vielem unausweichlich. Aber wir dürfen uns keinen Illusionen über ihre Auswirkungen hingeben. Das gilt insbesondere auch für die Frage, wie der Mann auf der Straße in Amerika die Bedeutung dieser Verträge und der mit ihr verfolgten Politik verstanden hat. Wir dürften uns nicht wundern, wenn er höchst überrascht wäre, wenn ihm heute gesagt würde, es sei eine aktuelle Aufgabe und Verpflichtung der amerikanischen Politik, für die Wiederherstellung der deutschen Einheit aktiv zu werden.

Vier Voraussetzungen für ein Engagement Amerikas

Dieses alles bedeutet nicht, daß wir in der Frage der deutschen Einheit die amerikanische Unterstützung für alle Zeiten abschreiben müßten. Ich habe bisher nur davon gesprochen, wie sich das öffentliche Meinungsklima, nicht die amtliche Politik, in dieser Frage drüben entwickelt hat – nämlich von Deutschland aus gesehen negativ. Das braucht nicht immer so zu sein. Das Meinungsklima ist gerade in einem Lande wie den Vereinigten Staaten veränderlich, sogar viel rascher veränderlich als bei uns.

Aber eine Erwärmung dieses Klimas ist von einigen grundlegenden Voraussetzungen abhängig, vor allem von folgenden vier:

Die erste Voraussetzung wäre, daß sich die Deutschen selbst wieder mehr für die Wiederherstellung der politischen Einheit Deutschlands interessieren und engagieren, als dies bisher der Fall war. Solange man sich bei uns mehr für das Selbstbestimmungsrecht der Palästinenser interessiert als das der Deutschen; solange auf unseren Straßen für die Respektierung der Menschenrechte in El Salvador, in Chile und Argentinien demonstriert wird, aber Menschenrechtsverletzungen in Jena, an der Berliner Mauer und an der Stacheldraht- und Selbstschußgrenze mit Schweigen übergangen oder bagatellisiert werden, kann man kaum erwarten, daß sich Amerikaner berufen fühlen, die Frage der deutschen Einheit aufzugreifen.

Schon in den fünfziger und sechziger Jahren bin ich von Amerikanern immer wieder mit einem starken Unterton des Zweifels gefragt worden, ob denn die Deutschen selbst die staatliche Einheit wiederhergestellt sehen wollten und ob sie ihnen so lebenswichtig erscheine, daß sie dafür Opfer und Risiken auf sich nehmen würden. Solche Fragen werden in den achtziger Jahren erst recht gestellt werden.

Die zweite Voraussetzung wäre, daß die deutsche Bundesregierung ein plausibles und praktikables Konzept für eine neue Deutschland-Politik entwickeln würde. Solange sie sich darauf beschränkt, die menschlichen Härten der Teilung mildern zu wollen, wird keine ausländische Regierung dadurch zu diplomatischer Aktivität inspiriert werden. Ich will das gar nicht kritisieren, denn ich könnte selbst auch im Augenblick kein konkretes Konzept zur Aktivierung einer Wiedervereinigungs-Politik vorlegen.

In einer solchen Situation müssen wir uns davor hüten, von anderen mehr zu verlangen als von uns selbst.

Die dritte Voraussetzung steht hiermit im Zusammenhang und ist weitgehend von ihr abhängig: sie besteht darin, daß auch die amerikanische Regierung einen praktischen Sinn darin finden müßte, die deutsche Einheit zu einem wesentlichen Bestandteil ihrer aktuellen Politik zu machen. Das ist nur zu erwarten, wenn sie von ihrem deutschen Verbündeten dazu gedrängt würde, wenn sie aus Bündnissolidarität und Vertragstreue diesem Drängen folgen würde und nicht befürchten müßte, damit andere vitale Ziele ihrer Politik zu durchkreuzen. Kennedy hat keinen Hehl daraus gemacht, daß er die deutsche Wiedervereinigungs-Forderung für ein Hindernis auf dem Wege seiner Entspannungspolitik hielt und daß er daher entschlossen war, darüber hinwegzugehen. In seinem bekannten Interview vom 25. November 1961 mit Adschubej, dem Schwiegersohn Chruschtschows, hat er das mit dürren Worten zum Ausdruck gebracht. Präsident Reagan hält nicht viel von der Entspannung und könnte daher eher bereit sein, Befürchtungen zurückzustellen, eine Politik der Wiedervereinigung könne Moskau verstimmen.

Aber seine Politik scheint zu einer schärferen Konfrontation mit Moskau zu führen. Das könnte in der deutschen Frage nur zur Folge haben, daß sie als ein Element polemischer Rhetorik benutzt würde – praktische Fortschritte in der Sache selbst könnte das kaum erbringen; uns wäre damit wenig gedient, und die amerikanische Öffentlichkeit könnte damit schwerlich dafür gewonnen werden, sich stärker für die deutsche Frage zu engagieren.

Die vierte Voraussetzung bestünde darin, daß die Amerikaner die Deutschen als verläßliche und wertvolle Bündnispartner betrachten, die als solche Unterstützung in der Verfolgung ihrer nationalen Ziele verdienen. Man braucht kaum im einzelnen zu schildern, daß das amerikanische Vertrauen in die Verläßlichkeit des deutschen Bündnispartners in den vergangenen Jahren erheblich gelitten hat – wobei man gar nicht von Attentaten auf amerikanische Kommandeure und Anschläge gegen amerikanische militärische Einrichtungen in Deutschland sprechen muß. Die hier stationierten amerikanischen Militärs wissen sehr gut, daß man Aktionen kleiner terroristischer Gruppen nicht der großen Mehrheit der deutschen Bevölkerung zurechnen darf. Auch Protestdemonstrationen, wie sie beim Reagan-Besuch in Bonn und Berlin stattfanden, werden von urteilsfähigen Amerikanern als Meinungsbekundung einer radikalisierten und von irrationalen und emotionalen Motiven geleiteten Minderheit bewertet; aber sie sind fernsehwirksam und werden in weniger gut informierten Kreisen häufig als Zeichen eines in Deutschland weit verbreiteten Anti-Amerikanismus verstanden. Wichtiger ist, daß gerade auch auf der Ebene der politischen und publizistischen Elite der USA seit einigen Jahren ernste Zweifel am Verteidigungswillen der Deutschen in der Bundesrepublik aufgekommen sind. Das Image des verläßlichen und stabilen deutschen Bundesgenossen, des tragenden Pfeilers der NATO, ist verblaßt. Vielleicht kann es wieder Farbe gewinnen, aber dazu wird es einiger Anstrengungen bedürfen.

Solange das Vertrauen in die Bundesrepublik als verläßlichen, befreundeten und stabilen Bündnispartner nicht wiederhergestellt ist, wird man in den Vereinigten Staaten keine ernsthafte Bereitschaft erwarten können, sich für die deutsche Einheit zu engagieren.

Wenn wir von der Einstellung der Vereinigten Staaten zur deutschen Einheit sprechen, dürfen wir nicht vergessen, daß unser Verhältnis zu ihnen nicht nur von der Einheitsfrage bestimmt wird, sondern auch und in der aktuellen Politik sogar vor allem von der Sicherheitsfrage.

Nur wenn die Übereinstimmung deutscher und amerikanischer Sicherheitsinteressen fortbesteht und die Grundlagen unserer Bündnispartnerschaft intakt bleiben, haben wir eine Aussicht, daß sich die Amerikaner für die deutsche Frage interessieren. Vom Standpunkt der amerikanischen Interessen aus gesehen ist die Sicherheit Europas wichtiger als die deutsche Einheit, und es gibt keinen rechtlichen oder moralischen Grund, der die Vereinigten Staaten dazu nötigen könnte, der deutschen Einheit den

Vorrang einzuräumen – zumal ja auch die Bundesrepublik keiner anderen Rangordnung huldigt: seit langem bekennen sich unsere großen Parteien zu dem Grundsatz, daß die Freiheit der höhere Wert gegenüber der Einheit ist. In der Sprache praktischer Politik heißt das, daß die Sicherheit Vorrang vor der Einheit hat. Denn Sicherheit ist ja nichts anderes als die Summe aller praktischen Maßnahmen (militärischer, politischer, wirtschaftlicher Art), die unsere Freiheit gewährleisten.

Das deutsch-amerikanische Verhältnis ist also primär eine Sicherheitspartnerschaft. Unter diesem Gesichtspunkt müssen wir sie in erster Linie sehen und bewerten. Die Situation der frühen fünfziger Jahre hat es mit sich gebracht, daß der amerikanische Bündnispartner zusätzlich zu der von ihm übernommenen Sicherheitsgarantie eine vertragliche Verpflichtung eingegangen ist, mit uns zusammen auf das Ziel der deutschen Einheit hinzuwirken. Dem deutschen Partner ist diese Verpflichtung durch sein Grundgesetz auferlegt. Beide Verpflichtungen ergänzen sich und stehen insofern in einem Bedingungszusammenhang, als die amerikanische Verpflichtung nur zum Tragen kommt, wenn und soweit die deutsche Seite an ihrer verfassungsmäßigen Zielsetzung festhält und sie aktiv verwirklicht.

Halten die Deutschen in Ost und West an ihrer Identität als Nation fest?

In den seither verstrichenen dreißig Jahren haben die Deutschen die meisten Illusionen verloren, die damals noch in vielen von ihnen lebendig waren. Haben sie auch alle Hoffnungen verloren? Die weltpolitische Konstellation, die sich in diesen 30 Jahren entwickelt und verfestigt hat, bietet auf absehbare Zeit wenig, worauf sich solche Hoffnungen gründen ließen. Auf weitere Sicht entscheidend bleibt es, ob die Deutschen in Ost und West an ihrer Identität als einer Nation festhalten. Das ist eine Frage der geistig-politischen Bewußtseinsbildung, die heute oft wie in Nebel gehüllt erscheint.

Nicht ohne Beschädigung seiner moralischen Persönlichkeit,

seines Selbstverständnisses und seines Selbstvertrauens könnte ein Volk mit einer geschichtlichen Vergangenheit wie das deutsche diese Geschichte verleugnen und insbesondere die letzten hundert Jahre, in denen sich seine nationale Identität in einem einheitlichen deutschen Staat verwirklicht hat, aus seiner Erinnerung löschen.

Eine gegenläufige, irrational-extremistische Entwicklung zu einem neuen, übersteigerten Nationalismus könnte die Folge einer solchen Bewußtseinstrübung sein.

6. Die deutsche Frage als Thema amerikanisch-sowjetischer Gipfeltreffen

– 1984/86 –

Wenn man bis zum Entstehungsjahr des Sowjetregimes – 1917 – zurückblickt, so gab es während der längsten Zeit seines Bestehens nur vier herausragende und über viele Jahre an der Macht befindliche Figuren: *Lenin, Stalin, Chruschtschow* und *Breschnew.* Zwei kurzfristige Übergangsführer wie *Sinowjew* (1923) und *Malenkow* (1953) kann man übergehen. Ähnliches wird man später wohl auch von *Andropow* und *Tschernenko* sagen: der erste hat es nur auf eine Amtszeit von 15 Monaten gebracht, war mehr als die Hälfte dieser Zeit wegen Krankheit unsichtbar und offenbar nur beschränkt aktionsfähig. Der letztere hat sogar nur 13 Monate amtiert und hat in dieser Zeit nichts auf den Weg gebracht, was irgendwelche sichtbaren Spuren hinterlassen hätte.

Wenn man von dieser jüngsten Entwicklung seit dem Tode Breschnews absieht, bietet das sowjetische System jedoch ein Bild beachtlicher Kontinuität der Staats- und Parteiführung: Lenin herrschte fast 7 Jahre, Stalin 29 Jahre, Chruschtschow 11 und Breschnew 18 Jahre.

Dem steht auf der westlichen Seite ein wesentlich rascherer, zuweilen geradezu hektischer Wechsel der führenden Figuren gegenüber. In der Zeit von Lenins Machtergreifung bis zum Tode Breschnews gab es 13 amerikanische Präsidenten und 14 britische Premierminister – die französischen Regierungschefs will ich gar nicht erst zu zählen versuchen. Schon das Zahlenverhältnis legt es nahe, daß ich mich im folgenden auf die amerikanischen Präsidenten beschränke. Aber auch von der Sache her scheint mir diese Beschränkung gerechtfertigt. Keiner der anderen westlichen Staatsmänner hat bei seinen Begegnungen mit den sowjetischen Führern den Lauf der Ost-West-Beziehungen wesentlich zu beeinflussen vermocht. In beschränktem Maße läßt sich das allenfalls von Churchill als Teilnehmer der großen Kriegskonferenzen von Teheran bis Jalta sagen, in noch beschränkterem Maße von Adenauers Moskau-Besuch 1955 mit der dabei vereinbarten Aufnahme diplomatischer Beziehungen zwischen Bonn und Moskau und Brandts Moskau-Reise zur Unterzeichnung der Ostverträge. Die Pilgerfahrt Harold Macmillans und Harold Wilsons nach Moskau, Giscard d'Estaings umstrittene Begegnung mit Breschnew in Warschau nach dem Einmarsch der Russen in Afghanistan, Helmut Schmidts Bemühungen in Moskau um die Aufnahme der Genfer INF-Verhandlungen gehören kaum zu den wichtigeren Daten der Ost-West-Beziehungen. Selbst de Gaulles Reise nach Moskau 1966 hat keine dauerhaften Spuren im Gelände der Weltpolitik hinterlassen.

Kalendarium der amerikanisch-sowjetischen Begegnungen

Beschränken wir uns also auf die amerikanischen Präsidenten, die nun einmal, unabhängig von ihrer staatsmännischen Qualifikation, die maßgeblichen Gegenspieler der Sowjetführer sind und allein die Möglichkeit hatten und haben, dem Lauf der Ost-West-Beziehungen wenn schon keine Wende, so doch neue Impulse zu geben – oder ihnen Hindernisse in den Weg zu legen.

Lenin hat keinen von ihnen zu Gesicht bekommen. Stalin verdankte es dem Verlauf des Zweiten Weltkrieges und der durch ihn herbeigeführten Kriegskoalition mit den Westmächten, daß es zu einer Begegnung mit Roosevelt kam: zu ihren beiden Treffen in Teheran und Jalta. Beim dritten amerikanisch-sowjetischen Gipfeltreffen in Potsdam fand er sich dem Nachfolger des im April 1945 verstorbenen (und schon in Jalta schwer kranken) Roosevelt gegenüber: dem aus dem Amt des Vizepräsidenten nachgerückten Harry S. Truman. Zehn Jahre lang gab es danach keine direkten Gespräche zwischen den Führungsspitzen der beiden Supermächte. Erst 1955 kam es auf der Genfer Gipfelkonferenz zu einer Begegnung zwischen Chruschtschow (damals noch neben Bulganin, dem sowjetischen Regierungschef) und Eisenhower (der

John Foster Dulles an seiner Seite wußte). Ein Zwiegespräch zwischen beiden fand erst 1959 (als Dulles bereits gestorben war) statt, in Camp David, das damit zum ersten Male Berühmtheit erlangte. Eine dritte Begegnung stand unter düsteren Vorzeichen: sie konnte nicht mehr verhindern, daß Chruschtschow die 1960 geplante Gipfelkonferenz platzen ließ, bevor sich die schon in Paris anwesenden Regierungschefs am Verhandlungstisch niedersetzen konnten.

Um so erwarungsvoller blickte die Welt auf sein Zusammentreffen mit Eisenhowers Nachfolger, John F. Kennedy, in Wien im Frühjahr 1961, nur wenige Monate nach dem Amtsantritt des 44jährigen Präsidenten. Über diesem Treffen hingen die dunklen Wolken der Berlin-Krise, die einige Monate später mit dem Bau der Berliner Mauer ihren Höhepunkt erreichte.

Als Kennedys Vizepräsident Lyndon Johnson die Amtsgeschäfte des ermordeten Präsidenten übernahm, neigte sich Chuschtschows Laufbahn schon ihrem Ende zu: ein Jahr nach Kennedys Tod wurde er gestürzt (Oktober 1964). Johnson mußte sich, sehr gegen seinen Willen, ganz auf das verhängnisvolle Erbe konzentrieren, das ihm Kennedy hinterlassen hatte – die Verstrikkung in den immer hoffnungsloser werdenden Vietnam-Krieg. Er hat darüber die Beziehungen zu Moskau in den Hintergrund treten lassen und hat den Dialog mit den Nachfolgern Chruschtschows nicht besonders eifrig gesucht. Einer von ihnen, der sowjetische Regierungschef Kossygin, den Breschnew erst später entmachten konnte, trat 1967 in New York vor der Generalversammlung der Vereinten Nationen auf. Bei dieser Gelegenheit kam es zu einem Treffen mit Johnson, das man mit protokollarischer Delikatesse auf halbem Wege zwischen Washington und New York stattfinden ließ, in einem kleinen Nest namens Glassboro, das nie wieder in den Schlagzeilen der Weltpresse aufgetaucht ist.

Nachdem Richard Nixon, der Republikaner und ehemalige Vizepräsident unter Eisenhower, zum Präsidenten gewählt worden war, überraschte dieser notorische Anti-Kommunist die Welt mit einer Außenpolitik des Dialogs und der Verständigungsbemühungen mit beiden kommunistischen Weltmächten, mit der Sowjetunion sowohl wie mit China. 1972 unterzeichnete er in Moskau mit Breschnew eine Erklärung, die in 12 Punkten das Konzept einer gegenseitigen Entspannungspolitik enthielt und nüchtern und ohne Euphorie einen Verhaltenskodex der beiden Weltmächte umriß, der ein friedliches Nebeneinander ermöglichen sollte. Der Text trug deutlich die Handschrift Kissingers. Eine ganze Serie von Einzelabkommen begleitete diese Grundsatzerklärung: Sie reichten inhaltlich von der nuklearen Rüstungskontrolle über die Zusammenarbeit auf wissenschaftlichem-technischem Gebiet, auf den Gebieten der medizinischen Forschung, des Umweltschutzes, die gemeinsame Erforschung und Nutzung des Weltraumes für friedliche Zwecke, die Verhütung von Zwischenfällen auf See bis zu einer Verständigung über die Einberufung einer KSZE und die Aufnahme von Verhandlungen über eine beiderseitige Reduzierung von Streitkräften und Rüstungen (MBFR). Ein Jahr später (im Juni 1973), kam bei einem Besuch Breschnews in den Vereinigten Staaten ein Abkommen zur Verhinderung eines Nuklearkrieges hinzu und abermals im darauffolgenden Jahr bei einem zweiten Besuch Nixons in der Sowjetunion (27. 6. bis 3. 7. 1974) ein weiteres Bündel von Kooperations-Abkommen technisch-unpolitischen Inhalts (Energie, Herzforschung, Bauwesen, industrielle und technische Zusammenarbeit), aber auch zwei Verträge zur Begrenzung unterirdischer Nuklearversuche und zur weiteren Begrenzung von Raketenabwehr-(ABM-)Systemen.

Aber schon vier Wochen nach seinem letzten Moskau-Besuch stürzte Nixon nach einer letzten und für ihn verhängnisvollen Zuspitzung des Watergate-Skandals. Er mußte zurücktreten und die Präsidentschaft seinem persönlich integren und allgemein geachteten, aber politisch farblosen Vizepräsidenten Gerald Ford überlassen. Ford bemühte sich, Nixons Außenpolitik fortzusetzen. Er behielt Henry Kissinger als Außenminister und traf sich im November 1974 mit Breschnew in Wladiwostok, um den SALT II-Verhandlungen einen neuen Antrieb zu geben. Im großen Kreise der zur Unterzeichnung der Schlußakte in Helsinki versammelten 35 Nationen kam es 1975 noch einmal zu einer zweiten Begegnung, die jedoch nur flüchtig war und für die amerikanisch-sowjetischen Beziehungen ohne zusätzlichen Ertrag blieb.

Partner der letzten amerikanisch-sowjetischen Begegnung auf höchster Ebene waren Jimmy Carter und Leonid Breschnew: Im Juni (15. bis 18.) 1979 kamen sie in Wien zusammen, um das inzwischen fertiggestellte SALT II-Abkommen zu unterzeichnen. Das ist bis zum heutigen Tage nicht ratifiziert worden. Widerstände im Senat, besonders nach den Ereignissen in Afghanistan um die Jahreswende 1979/80 blockierten diesen letzten, für die förmliche Inkraftsetzung unentbehrlichen Akt. Nur faktisch und ohne Anerkennung einer rechtlichen Bindung haben sich die Vertragsparteien seitdem an seinen Inhalt gehalten.

Mehr als sechs Jahre lang kam es nach dem Wiener Treffen zu keiner Spitzenbegegnung zwischen den beiden Supermächten. Das ist mehr als halb so lange wie die längste Unterbrechung der Spitzenkontakte auf dem Höhepunkt des kalten Krieges. Reagan hat sich in den ersten drei Amtsjahren nicht sonderlich bemüht, den Dialog mit seinem opposite number auf der sowjetischen Seite direkt zu führen. Die Nachfolger Breschnews haben sich mit dem Abbruch der Genfer Verhandlungen und ihrer Rüstungskontrollpolitik im Ganzen in eine Lage manövriert, in der sie erst über ihren Schatten springen mußten, ehe sie sich mit den Amerikanern wieder an einen Tische setzen konnten; das haben sie inzwischen mit jener unerschütterlichen Kaltschnäuzigkeit getan, die man von vielen früheren Präzedenzfällen her kennt.

Danach erst konnte es zu dem Treffen Reagans mit Gorbatschow in Genf im November 1985 kommen, das eine Verbesserung des Klimas von allerdings zweifelhafter Dauerhaftigkeit und das gegenseitige Versprechen zur Fortsetzung der Gipfelkontakte erbrachte, aber in keinem substanziellen Punkt einen Fortschritt erkennen ließ.

Die Themen über 40 Jahre hinweg

Damit ist – in großen Zügen und vorerst ohne Bewertungen und Deutungen – das Kalendarium der amerikanisch-sowjetischen

Spitzenbegegnungen zwischen den jeweils führenden Figuren zusammengestellt. Um sie zu bewerten, müßte man sie, eine nach der anderen, noch einmal unter verschiedenen Gesichtspunkten durchgehen, wie etwa: Worüber wurde gesprochen? Was wurde bewirkt? Was hielten die Beteiligten hinterher voneinander?

Hier soll nur die erste Frage durchgeprüft werden, nämlich worüber die Gesprächspartner gesprochen haben:

Schon die Thematik der Spitzengespräche in den letzten 40 Jahren läßt den jeweiligen Trend der weltpolitischen Entwicklung erkennen: von Teheran bis Potsdam ging es um die Gestalt Europas nach dem Kriege. Deutschland und Osteuropa standen im Mittelpunkt. Andere Themen tauchten nur am Rande auf.

Zehn Jahre später in Genf, 1955, und dann wieder 1960 bei der geplanten und geplatzten Gipfelkonferenz in Paris, war das Thema Osteuropa vom Tisch. Stalin hatte es auf seine Art erledigt, überall waren die letzten Reste bürgerlicher Machtpositionen liquidiert, waren kommunistische Einparteidiktaturen errichtet worden und waren die gleichgeschaltenen »Volksdemokratien« fest in den Ostblock eingefügt. Bis zu einem Grade offen war nur noch die deutsche Frage, und Chruschtschow war entschlossen, auch sie abschließend – und zwar in seinem Sinne – zu regeln.

Auf der Genfer Gipfel-Begegnung mit Eisenhower und seinen westlichen Allianzpartnern ließ er sich zwar noch einmal auf eine Erörterung der Deutschland-Frage unter dem Aspekt der Viermächte-Verantwortung »für die Wiedervereinigung Deutschlands im Wege freier Wahlen im Einklang mit den nationalen Interessen des deutschen Volkes und den Interessen der europäischen Sicherheit« ein. Aber schon auf dem Rückwege von Genf nach Moskau stellte er den Inhalt dieser »Genfer Direktive« auf einer Kundgebung in Ost-Berlin wieder in Frage und ließ keinen Zweifel daran, daß sein Ziel die endgültige Teilung Deutschlands und die Verewigung seiner Zweistaatlichkeit war. Als Hebel dient ihm fortan die Berlin-Frage, in der der Westen am leichtesten verwundbar war. Mit ihrer Hilfe suchte er die Anerkennung der DDR zu erzwingen und darüber hinaus durch Umwandlung West-Berlins in eine »Freie Stadt« den Status quo im östlichen Sinne zu korrigieren. Indessen hatte er sich doch in bezug auf die Standfestigkeit des Westens und insbesondere der amerikanischen Präsidenten verkalkuliert. In dieser Hinsicht hat er wohl auch sein Wiener Gespräch mit Kennedy, das dazu dienen sollte, eben diese Standfestigkeit des neuen Präsidenten zu testen, fehlinterpretiert.

Auf dem Höhepunkt der Berlin-Krise zeigte sich, daß Kennedy zwar zu allerlei politischen Konzessionen bereit war, die hauptsächlich auf deutsche Kosten gingen, daß er aber bei der Verteidigung West-Berlins und der »three essentials« der dortigen Position des Westens hart und unbeugsam blieb. Als er diese Eigenschaften auch in der Kuba-Krise bewährte, mußte Chruschtschow seine, auf Veränderung des Status quo zielenden Vorstöße abbrechen – was wahrscheinlich nicht unwesentlich zur Erschütterung seiner Machtposition im Inneren beigetragen hat. In dieser Auseinandersetzung der Jahre 1961/62 hatte sich die Deutschland-Frage bereits in entscheidender Weise verengt: es ging nicht mehr um »Deutschland als Ganzes«, sondern um den Status eines isolierten West-Berlin und einer souveränen DDR.

Für Johnson und Nixon war damit besonders nach Abschluß der deutschen Ost-Verträge und des Berliner Viermächte-Abkommens praktisch auch die Deutschlandfrage von der Tagesordnung der amerikanisch-sowjetischen Gespräche verschwunden. Jetzt ging es nur noch darum, auf der Basis des stillschweigend akzeptierten Status quo einen modus vivendi des möglichst störungsfreien Zusammenlebens zu finden. Dieses Thema hieß »Entspannung«, und das war das Thema der Begegnungen Johnsons mit Kossygin und Nixons mit Breschnew, und wenn Ford auf der Helsinki-Konferenz überhaupt Gelegenheit zu einem sachbezogenen Gespräch mit Breschnew gefunden hätte, hätte es sich wohl auch vor allem um dieses Thema gedreht. Innerhalb dieser Thematik gab es verschiedene Schwerpunkte. Einer, der im Laufe der Jahre immer mehr Gewicht gewann, war die Rüstungskontrolle, die schließlich ganz an die Spitze der Tagesordnung rückte. Man kann es auch so ausdrücken: Je deutlicher die Entspannungspolitik infolge von gegenseitigen Enttäuschungen und neuen Zerwürfnissen in eine Sackgasse geriet, um so rascher reduzierte sie sich auf ihren harten Kern: das beiderseitige Interesse an der Begrenzung des atomaren Wettrüstens. Das SALT-Abkommen war noch von Nixon geschlossen worden; das zweite wurde unter ihm und Ford weiterverhandelt und von Carter unterzeichnet. Dieses waren daher die Themen, die in Wladiwostok und Wien auf der Tagesordnung standen.

Ein fortgesetzter Schrumpfungsprozeß zu Lasten Deutschlands

Die Traktandenliste der amerikanisch-sowjetischen Spitzengespräche bietet mithin das Bild eines fortgesetzten Schrumpfungsprozesses, der sich in den fünf aufeinander folgenden Themenkreisen dieser Gespräche ausdrückt:

1. Europäische Nachkriegsordnung, insbesondere Deutschland und Ost-Europa
2. Deutschland als Ganzes und Berlin
3. West-Berlin und Status der DDR
4. Entspannung in Europa und Konfliktverhütung in außereuropäischen Spannungsgebieten
5. Atomare Rüstungskontrolle

Anders ausgedrückt: Was mit dem Versuch begonnen hatte, Europa nach dem Kriege gemeinsam (wie auch immer) zu ordnen, schrumpfte rasch zu dem Versuch, wenigstens in der Deutschland- und Berlin-Frage eine Lösung zu finden; als sich die Deutschland-Frage als unlösbar erwies und Chruschtschow sogar den Versuch unternahm, den Status quo in seinem Sinne zu verändern, verschanzte sich der Westen bei der Verteidigung West-Berlins und begnügte sich damit, bei der Anerkennung der DDR schädliche Auswirkungen für den freien Zugang nach Berlin zu verhüten und Spannungen zwischen den beiden deutschen Staaten abzubauen. Nachdem man sich in der Deutschland- und Berlin-Frage damit abgefunden hatte, alles mehr oder minder so zu belassen, wie es war, suchte man sich wenigstens im Rahmen dieses Status quo zu arrangieren und eine Basis friedlichen Zusammenlebens zu finden; als auch diese Bemühungen steckenblieben, wollte man sie wenigstens auf einem Gebiet retten – auf dem der atomaren

Rüstungskontrolle; seit dem Abbruch der Genfer Verhandlungen stagnierte auch hier alles. Das ist der Punkt, an dem wir uns am Anfang des Jahres 1985 befanden, als man sich in Genf wieder zusammensetzte und mühsam nach Ansatzpunkten für neue Gespräche suchte.

Als sich Reagan und Gorbatschow schließlich im November nach vielen Ungewißheiten, Störfällen und Propagandamanövern in Genf doch noch trafen, wurde alsbald deutlich, daß sich die Genfer Expertengespräche nicht genügend konkretisiert hatten, um ein ernsthaftes Gesprächsthema zwischen den beiden abzugeben. Der mit allerlei freundlichen Gesten und wohlklingenden Worten bemäntelte Tatbestand blieb dürftig.

Wenn man sich fragt, worüber gesprochen wurde, kann die aus Kommuniqués, Pressekonferenzen, Erklärungen vor dem Kongreß bzw. dem Obersten Sowjet und aus anderen Informationsfragmenten zusammenzuklaubende Antwort nur lauten: Über fast alles, also über nichts. Auf keinen Fall – das dürfte außer Zweifel stehen – wurde die deutsche Frage berührt. Als politischer Ertrag blieb nur die von beiden Seiten bekräftigte Absichtserklärung übrig, sich schon im nächsten Jahr wiederzutreffen.

7. Die deutsche Frage beim Übergang vom Besatzungsregime zur Souveränität

– 1984 –

Zehn Jahre Besatzungsregime

Wenn man versucht, die wichtigsten Charakterzüge des Besatzungsregimes hervorzuheben, unter dem wir zehn Jahre, von 1945 bis 1955, gelebt haben, zeichnen sich die folgenden ab:

1. Die Grundstruktur des Besatzungsregimes war geprägt durch die Natur des voraufgegangenen Krieges. Dieser wiederum war nicht nur ein Machtkampf zwischen alten und neu aufsteigenden Großmächten, er war zugleich ein Weltbürgerkrieg, wie er für das 20. Jahrhundert kennzeichnend ist: nationale und machtstaatliche Gegensätze waren eng verwoben mit weltanschaulich-ideologischen und gesellschaftspolitischen Gegensätzen: Demokratie und Diktatur, Faschismus und Kommunismus, kapitalistische Marktwirtschaft und sozialistische Planwirtschaft.

Über das Maß von Grausamkeit und Brutalität hinaus, das allen Bürgerkriegen eigentümlich ist, hatte das Hitlerreich dem spezifische Elemente hinzugefügt, die über alles bis dahin Bekannte hinausgingen: Die Massenvernichtung der Juden, die planmäßige Dezimierung der polnischen Intelligenz-Schichten, der massenweise Hungertod russischer Kriegsgefangener, der Terror und die Mißachtung aller Grund- und Menschenrechte im Umgang mit politischen Gegnern im eigenen Lande sowohl wie in den besetzten Ländern, die rücksichtslose Zerstörung oder Zerstückelung ganzer Staatswesen – wie des polnischen, des tschechoslowakischen, des jugoslawischen Staates – alles dieses hatte ein Klima der Feindseligkeit, des Hasses, der Brutalität und der Geringschätzung rechtlicher Schranken entstehen lassen, das sich zwangsläufig auch in der Konzipierung des Besatzungsregimes für Deutschland und in seiner Anwendung niederschlagen mußte.

Die Geburt dieses Besatzungsregimes stand daher im Zeichen der Leitgedanken:
- bedingungslose Kapitulation
- Aufteilung Deutschlands (»dismemberment«)
- Ausrottung von Militarismus und Nationalsozialismus und Umerziehung der Deutschen zur Demokratie
- Zerschlagung der industriellen Machtposition Deutschlands und innerhalb Deutschlands der großen Industrie-Konzerne.

2. Diese Leitgedanken wurden ab 1945 auch weitgehend in die Tat umgesetzt, erfuhren jedoch nach einigen Jahren einen Bruch durch eine neue Entwicklung, die dann die zweite Hälfte der Besatzungszeit dominierte: durch den Zerfall der Kriegskoalition des Westens mit der Sowjetunion und den Ausbruch des kalten Krieges.

Die Durchführung der ursprünglichen Leitgedanken bestimmte die ersten Jahre der Besetzung:
- Die bedingungslose Kapitulation fand statt; die zentrale Staatsgewalt des Reiches wurde ausgelöscht. Die Besatzungsmächte übernahmen selbst die Oberste Gewalt (wie sie es schon vor dem Potsdamer Kommuniqué vom 2. August 1945 in ihrer Proklamation über die Niederlage Deutschlands vom 5. Juni 1945 verkündet hatten).
- Die Aufteilung Deutschlands, die in den alliierten Planungen für die Nachkriegszeit 1943/44 im Vordergrund gestanden hatte und noch im Punkt 3 des Geheimprotokolls über die Jalta-Konferenz vom Februar 45 enthalten war, wurde zwar in Potsdam nicht übernommen, sondern durch die »Dezentralisierung der politischen Struktur« (III, A, 9) und die Behandlung Deutschlands als »wirtschaftliche Einheit« während der Besatzungszeit (III, A, 14) ersetzt. Die Errichtung von vier Besatzungszonen mit Zonenbefehlshabern, die in ihrem Bereich die Oberste Gewalt mehr oder minder unumschränkt ausüben sollten – unter einem Kontrollrat, der im wesentlichen auf »Entscheidungen über die Deutschland als Ganzes betreffenden wesentlichen Fragen« (Feststellung über das Kontroll-Verfahren vom 5. Juni 1945) beschränkt war –, öffnete jedoch den Weg zur faktischen Auseinanderentwicklung

der Zonen, der dann 1949 in der Errichtung zweier getrennter Staaten endete – mit zusätzlich getrennten Status-Entwicklungen für Berlin, das Saarland und die Gebiete jenseits von Oder und Neiße.

– Entmilitarisierung, Denazifizierung, Umerziehung prägten das öffentliche Klima der ersten Besatzungsjahre. Th. Eschenburg hat es im 1. Band der »Geschichte der Bundesrepublik Deutschland« (Jahre der Besatzung 1945 bis 1949, 1983) im einzelnen beschrieben. Höhepunkte waren die Nürnberger Prozesse, die von den Besatzungsbehörden verteilten und eingeforderten Fragebogen zur politischen Vergangenheit jedes einzelnen (mit 131 Fragen), das von ihnen diktierte »Gesetz zur Befreiung von Nationalsozialismus und Militarismus« vom 5. März 1946, die Errichtung von Entnazifizierungs-»Spruchkammern« – im Ganzen ein Verfahren der »bürokratischen Inquisition politischer Gesinnung« (Eschenburg, 114).

– Die Zerschlagung der industriellen Machtposition fand ihren Ausdruck in Demontagen, im Ruhrstatut, in Maßnahmen zur Entflechtung der großen Konzerne, in Reparationslieferungen aus laufender Produktion und mannigfachen Produktionsbeschränkungen.

3. Beginnend mit dem Scheitern der Vierer-Konferenz über Deutschland (Moskau und London 1947), über die Beschränkung des Marshall-Plans auf den Westen, die Berliner Blockade, die Paralysierung des Kontroll-Rats, die Währungsreform, bis hin zur Konstituierung der Bundesrepublik und der DDR entwickelte sich der Bruch zwischen östlichen und westlichen Besatzungsmächten, der den Charakter des Besatzungsregimes Schritt für Schritt tiefgreifend veränderte:

– In Ost und West wurden zentrale Regierungsgewalten gebildet, wenn auch weiterhin der Obersten Gewalt der Besatzungsbehörden unterworfen und mit beschränkter Handlungsfähigkeit. Damit war jedoch eine Entwicklung in Gang gesetzt, die schließlich zum Endpunkt der Wiedergewinnung der Souveränität hinführen mußte.

– Wenngleich das Gespenst der Zerstückelung, der Dismembration, endgültig gebannt war, so gewann die Zweiteilung Deutschlands doch um so schärfere Konturen, je mehr die Demarkationslinie zum Eisernen Vorhang zwischen Ost und West wurde. Sie war kein planmäßig verfolgtes Ziel der Besatzungspolitik mehr, sondern ein Faktum, das lautstark bedauert und verurteilt, aber praktisch hingenommen wurde.

– Die früheren Besatzungsziele der Demilitarisierung, Entnazifizierung und Demokratisierung wurden der neuen Entwicklung angepaßt. Die Entnazifizierung, die sowohl in alliierter wie in deutscher Hand ein Fiasko gewesen war, wurde lautlos begraben. Die Diffamierung der Wehrmacht und aller deutschen Militärtraditionen hörte auf; als Kriegsverbrecher verurteilte Offiziere und Soldaten wurden begnadigt und aus der Haft entlassen; die Bevölkerung wurde allmählich an den Gedanken eines deutschen »Verteidigungsbeitrags« herangeführt, 1951 wurde ein »Bundesgrenzschutz« aufgestellt. Die »Demokratisierung« verwandelte sich aus einem noch zu verwirklichenden Erziehungsziel zu einem bereits gewonnenen Rechts- und Kulturgut, das es gemeinsam mit den Westmächten zu verteidigen galt. Aus den anfangs mit einem Fraternisierungsverbot belegten Besiegten wurden langsam geachtete Mitkämpfer, gesuchte Wirtschaftspartner, europäische Mitbürger, künftige Bundesgenossen.

– Reparationsentnahmen und Demontagen hörten auf, Produktionsbeschränkungen wurden abgebaut, Entflechtungen verlangsamt oder eingestellt; der Wiederaufbau und eine überraschend dynamische Wirtschaftsentwicklung, gefördert durch Marshall-Plan und Währungsreform, wurden mit Respekt verfolgt. Die Ruhrbehörde wurde durch die Hohe Behörde der Montan-Union abgelöst.

Das alles sind Daten und Fakten, die wohlbekannt sind. Aber man kann nicht umhin, an sie zu erinnern, wenn man den Übergang vom Besatzungsregime zur Souveränität, zu den Verträgen von Bonn und Paris verständlich machen will.

Dieser Übergang war langwierig und kompliziert, belastet mit schwierigen politischen, psychologischen und juristischen Problemen, die sich aus der besonderen Natur dieses Regimes ergaben. Er begann mit dem Erlaß eines Besatzungsstatuts (8. April 1949), mit dem die westlichen Besatzungsmächte dem deutschen Verlangen nach einer rechtlichen Normierung entgegenkamen, nachdem die Besatzungsgewalt in den ersten vier Jahren ohne Anerkennung irgendwelcher Rechtsschranken autoritär gehandhabt worden war. Auch die vom Völkerrecht einer Besatzungsmacht gesetzten Schranken hatte man 1945 ohne viel Federlesens beiseite geschoben. Daß eine Besatzungsmacht sogar ein Ehegesetz erläßt – wie es 1946 geschah – ist wohl in der neueren Geschichte (wenn überhaupt) noch nicht vorgekommen. Der Forderung nach einem gewisse Grundregeln rechtlich normierenden Besatzungsstatut habe ich selbst Anfang 1948 in einer Schrift mit dem Titel »Ein Besatzungsstatut für Deutschland« Ausdruck verliehen. Der Inhalt des Statuts konnte die deutschen Erwartungen nicht befriedigen, aber es war, wie man heute in solchen Situationen zu sagen pflegt, ein »Schritt in der richtigen Richtung«, der durch das Petersberger Abkommen (22. November 1949) und die Revision des Besatzungsstatuts (6. März 1951) fortgesetzt wurde.

Aber die politische Entwicklung im Schatten des Korea-Krieges erforderte weit mehr, und so begannen Verhandlungen über einen deutschen »Verteidigungsbeitrag«, die nicht ohne Beendigung des Besatzungsregimes zum Erfolg führen konnten. Ab Januar 1951 führten Blank, Heusinger und Speidel auf dem Petersberg Experten-Gespräche über den militärischen Teil dieses Komplexes, ab Mai 1951 hatte ich parallel dazu die ersten Gespräche über den politisch-wirtschaftlichen Teil der Ablösung des Besatzungsstatuts begonnen. Es verging ein weiteres Jahr bis zur Unterzeichnung der Bonner Verträge (26. Mai 1952) und es folgten dann noch einmal drei Jahre bis zu ihrem Inkrafttreten in der revidierten Fassung der Pariser Verträge (20. Oktober 1954/5. Mai 1955).

Warum dauerte dieser Übergangsprozeß so lange? Vor allem wohl aus folgenden Gründen:

1. Auf der alliierten Seite gab es drei Partner, die sich nur mühsam auf eine für alle akzeptable Form der deutschen Wiederbewaffnung einigen konnten (Europa-Armee oder NATO-Mitgliedschaft).

2. Nicht weniger schwer fiel ihnen die Einigung über das Ausmaß der Preisgabe ihrer Obersten Gewalt (volle Souveränität oder Vorbehaltsrechte) und die Rechtsstellung ihrer verbleibenden Stationierungs-Streitkräfte (Vertragsgrundlage oder vorbehaltenes Recht).

In seinen kürzlich veröffentlichten Lebenserinnerungen hat ein Rechtsberater der amerikanischen Hohen Kommission, Joachim von Elbe (vor 1933 Referent am Bruns'schen Völkerrechts-Institut in Berlin) berichtet, daß die französische Regierung noch im April 1951 entsetzt war über die Vorstellungen der angelsächsischen Regierungen, daß man mit der Bundesrepublik einen völkerrechtlichen Vertrag schließen könne. Nichts dürfe nach Pariser Auffassung geschehen, so berichtete Botschafter David Bruce nach Washington, was die fortdauernde oberste Regierungsgewalt der Alliierten schmälern könne.

3. Die deutsche Seite mußte ihre Zustimmung zur Leistung eines Verteidigungsbeitrages mit politischen Forderungen verknüpfen, die die Westmächte nur widerstrebend akzeptierten: volle Souveränität und Beschränkung vorbehaltener Rechte auf jenes Mindestmaß, das sich aus dem deutschen Interesse an der Aufrechterhaltung der Vier-Mächte-Verantwortung für Wiedervereinigung und Friedensvertrag und aus Rücksicht auf die prekäre Situation West-Berlins ergab; Unterstützung einer Politik der Wiedervereinigung; Offenhaltung der Grenzfrage bis zum Friedensvertrag; West-Integration ohne Präjudizierung der Wiedervereinigung; Revision des Vertragswerks bei Wiedervereinigung.

4. Auf der deutschen Seite gab es schwierige innenpolitische Probleme, die sich aus psychologischen Faktoren, vor allem aus dem Widerstreben gegen die Wiederbewaffnung und aus Befürchtungen für die Aussichten der Wiedervereinigung, ergaben, und

die von einer starken, damals recht nationalistischen SPD-Opposition gegen die Politik Adenauers genutzt wurden.
5. Als unsichtbarer Verhandlungspartner war stets die Sowjetunion beteiligt; nichts durfte in die Verträge hineingeschrieben werden, was die Rechtsposition des Westens im geteilten Deutschland und in Berlin geschwächt hätte. Ein Ersatz-Friedensvertrag mußte geschaffen werden, der die Möglichkeit eines endgültigen Friedensvertrages nicht ausschloß.
All diese Schwierigkeiten spiegelt das Vertragswerk von Bonn und Paris in seinen Formulierungen und seiner Struktur wider, mit seinen vielen dilatorischen Formelkompromissen und manchen wohlklingenden Leerformeln. Das steht nicht im Widerspruch zu der Tatsache, daß es ein juristisch sorgfältig gearbeiteter Text war, der sich dadurch von manchen späteren Vertragswerken vorteilhaft abhebt.

Das Besatzungsregime in Japan und in Deutschland – ein Vergleich

Statt auf Einzelprobleme dieses komplizierten Vertragsgebäudes einzugehen, mag es sinnvoller sein, den Gesamtcharakter des deutschen Besatzungsregimes und die Art seiner Beendigung durch einen Vergleich mit einem ähnlichen Phänomen zu beleuchten: mit dem Besatzungsregime in Japan und der Art und Weise, wie es 1951 beendet wurde. Dieser Vergleich liegt schon deswegen nahe, weil Adenauer beim Beginn der Verhandlungen von 1951 das japanische Beispiel vor Augen hatte (am 8. September jenes Jahres wurde in San Francisco der Friedensvertrag und der bilaterale amerikanisch-japanische Sicherheitsvertrag unterzeichnet) und darin ein erstrebenswertes Modell für seine Verhandlungen mit den Aliierten sah.

Das Besatzungsregime in Japan endete drei Jahre früher als das deutsche. Es war in seinem Gesamtcharakter weniger einschneidend, weniger drückend, weniger feindselig. Die Japaner haben es in mehrfacher Hinsicht leichter gehabt als wir – was sich darin widerspiegelt, daß die Verhandlungen über einen Friedensvertrag durch den kalten Krieg nicht unterbrochen wurden; daß sie, als es nicht mehr um den Kreis der Beteiligten und das Verfahren ging, in der letzten substanziellen Phase vor dem Abschluß in San Francisco im Laufe eines Jahres abgewickelt werden konnten; und daß sie sich überdies überwiegend auf schriftlichem Wege, ergänzt durch informelle Kontakte, abspielten. Sie führten auch sofort weiter als bei uns, nämlich zu einem Friedensvertrag und zu einem Sicherheitsvertrag, der alle fortdauernden Truppen-Stationierungen auf eine eindeutig vertragliche Basis stellte. Japans Souveränität wurde anerkannt, und von irgendwelchen Vorbehalten einer fremden obersten Gewalt war nicht die Rede.

Die Sowjetunion allerdings, deren Beteiligung bei uns von vornherein nicht in Betracht gezogen werden konnte, verweigerte in San Francisco ihre Unterschrift. Für die Zukunft blieb ein Friedensvertrag mit ihr eine offene, von den Japanern bilateral zu regelnde Angelegenheit. Weder die Vereinigten Staaten noch irgendeine der anderen Siegermächte fühlten sich dafür noch verantwortlich. Ebensowenig erhielten die Japaner irgendwelche Unterstützungszusagen für von ihnen verfolgte politische Ziele. Andererseits wurde ihre Wehrhoheit (das »unabdingbare Recht auf individuelle oder kollektive Selbstverteidigung«, Art. 5c) vorbehaltlos und ohne irgendwelche Rüstungsbeschränkungen anerkannt. Das paradoxe Ergebnis war, daß Rüstungsbeschränkungen für Japan nur aufgrund der eigenen Verfassung bestehen.

Dem steht auf der deutschen Seite ein Vertragswerk gegenüber, das die Souveränität mit Vorbehalten belastet hat; das ihre Wiederherstellung mit der Verpflichtung zu einem Verteidigungsbeitrag verknüpft hat, diesen aber zugleich gewissen genau festgelegten Rüstungsbeschränkungen unterwarf; das aber andererseits die Bundesrepublik zu einem Partner des atlantischen Bündnisses machte und sie damit wesentlich stärker in die Solidarität und Zusammenarbeit der westlichen Völkergemeinschaft einbezog, als dies der Sicherheitsvertrag in bezug auf Japan getan hatte. Anders als dieses hat die Bundesrepublik dem übermächtigen Bündnispartner USA nie allein gegenübergestanden, sondern wurde häufig gestützt und gestärkt durch die europäischen Bündnispartner.

Die Japaner selbst haben es bis zum heutigen Tage als einen Nachteil ihrer Situation empfunden, daß sie im Kreise der westlichen Industriestaaten eine gewisse isolierte Außenseiterrolle spielen; und daß es in ihrer Beziehung zum Westen keine Entsprechung dafür gibt, daß sich die Vertragspartner der Pariser Verträge auf gewisse Grundlinien einer gemeinsamen Politik verpflichtet haben.

Das Vertragswerk von Paris: ein Akt politischer Vernunft

Ein Vertragswerk wie dieses hat seine Vor- und Nachteile. 1955 waren auch diejenigen, die es innenpolitisch zu vertreten und zu verteidigen hatten – gegenüber der parlamentarischen Opposition wie auch vielen anderen Kritikern gegenüber – keineswegs der Überzeugung, eine optimale oder auch nur günstige Lösung erreicht zu haben; aber, so glaubten sie, man konnte mit ihr leben und konnte darauf vertrauen, daß es einer günstigen politischen Entwicklung nicht im Wege stand, sondern ihr Entfaltungsspielraum gewährte und dadurch selbst in seiner praktischen Anwendung günstig beeinflußt wurde. Das war Adenauers Überzeugung, der in dieser Frage Pragmatiker war.

Mir scheint, daß die Entwicklung ihm recht gegeben hat. Das Gewicht der Bundesrepublik, die im Atlantischen Bündnis bald die konventionell stärkste Kraft auf dem europäischen Kontinent wurde, in der Europäischen Gemeinschaft die stärkste Wirtschaftsmacht, die wegen ihrer inneren Stabilität und ihrer außenpolitischen Kontinuität geschätzt wurde, brachte sich von selbst zur Geltung und ließ manche lästigen Klauseln des Vertragswerks rasch bedeutungslos werden. Welche Redeschlachten sind 1951 bis 1955 um die vorbehaltenen Notstandsrechte der früheren Besatzungsmächte geschlagen worden – und was ist von diesen nie angewandten Rechten übriggeblieben? Wie erleichtert waren wir in der Berlin-Krise von 1961/62, daß die Westmächte die volle Verantwortung für Berlin behalten hatten, daß man Anfang der siebziger Jahre bei der Aushandlung der Ostverträge und des Berlin-Abkommens darauf verweisen konnte, daß die Verträge die Vier-Mächte-Verantwortung für Deutschland als Ganzes aufrechterhalten hatten – mitsamt den Verträgen, die wir mit den Westmächten unter dem Dach dieser Viermächteverantwortung geschlossen hatten und ihrer darin enthaltenen Verpflichtung zusammen mit der Bundesrepublik eine Politik zur Wiederherstellung der Einheit Deutschlands zu verfolgen, die auch nach Abschluß der Ostverträge das im Grundgesetz festgeschriebene Ziel der Bundesrepublik bleibt (wie im »Brief zur deutschen Einheit« betont, der den Moskauer Vertrag begleitete).

Wenn die in den kritischen Jahren 1948/49 und 1951/52 getroffene Entscheidung für die Verbindung mit dem Westen unausweichlich sowohl historisch wie politisch richtig war, so gilt dies auch für die spezifische Art und Weise, wie das Besatzungsregime beendet und durch die Verträge von 1952/54 ersetzt wurde.

Absolute Souveränität gibt es in unserer Zeit ohnehin nicht mehr. Was damals an Begrenzungen akzeptiert wurde, lag ebenso im deutschen Interesse wie in dem Europas und des Westens. Rein optisch mag die japanische Lösung sauberer und konsequenter erscheinen. Rückblickend spricht mehr dafür, daß uns eine Lösung nach dem japanischen Modell mehr Nachteile als Vorteile eingebracht hätte. Für Deutschland war die Lage schwieriger und komplizierter. Dem hat man Rechnung getragen – und das zu tun war ein Akt der politischen Vernunft.

8. Westbindung und deutsche Frage

Wie weit reicht die Interessengemeinschaft
mit den westlichen Partnern?
– 1985 –

Vor 26 Jahren führte ich hier an dieser Stelle, wo wir heute diskutieren, in der Villa Collina in Cadenabbia, ein mehrstündiges Gespräch mit Konrad Adenauer. Es ging um die Konferenz der Außenminister, die am 10. Mai 1959 beginnen sollte: jene Konferenz, die sich erneut mit der Deutschland-Frage beschäftigen sollte, die aber im politischen Kalkül der Westmächte vor allem dazu bestimmt war, Moskau in ein Gespräch zu verwickeln, das sich über das kritische Stichdatum des Chruschtschowschen Berlin-Ultimatums hinweg erstrecken und es auf diese Weise entschärfen sollte. Adenauer hatte mich, während ich auf einer Vortragsreise in Kalifornien unterwegs war, telegrafisch nach Cadenabbia bestellt, um mir die Leitung der deutschen Delegation im Genfer Konferenzsaal zu übertragen. Ich sage »im Konferenzsaal« – denn außerhalb desselben lag die Leitung der Delegation in den Händen des Bundesaußenministers von Brentano, der sich während der gesamten Konferenzdauer (10 Wochen) in Genf aufhielt, aber nicht den Konferenzsaal betreten wollte, um nicht durch seine Anwesenheit neben dem DDR-Außenminister Lothar Bolz den Anschein zu erwecken, daß Bonn die DDR bereits als gleichrangigen Konferenz- und Verhandlungspartner anerkannt habe. Aus solchen Erwägungen kam es zu der Verlegenheitslösung, den Botschafter aus Washington zum Sprecher der Bundesregierung im Konferenzsaal zu machen. Bei allen inoffiziellen Kontakten der drei westlichen Außenminister mit den Deutschen war es dann Brentano, der ihnen als Gesprächspartner gegenübersaß.

Die Erinnerung an diese Vorgänge von 1959 liegt nahe, weil sie unmittelbar ins Zentrum des mir gestellten Themas führt: die Annahme, daß es eine – wie auch immer begrenzte – Interessenübereinstimmung zwischen der Bundesrepublik und den drei Westmächten in der Deutschland- und Berlinfrage gebe, bildete für alle vier eine grundlegende Voraussetzung für die Einberufung und Durchführung dieser Konferenz. Natürlich bin ich kein authentischer Zeuge für die Interessenabwägungen, die damals in Washington, Paris und London angestellt wurden. Ich kann nur bezeugen, welchen Eindruck ein deutscher Beobachter von diesen Interessenabwägungen gewann, die sich in den offiziellen und nichtoffiziellen Äußerungen der drei Außenminister und in ihrer Konferenzstrategie widerspiegelte.

Dieser Eindruck war, kurz zusammengefaßt: die Bundesrepublik und die drei Westmächte hatten gleichermaßen ein vitales Interesse daran, die Freiheit und Sicherheit Westberlins zu bewahren. Westberlin war im voraufgegangenen Jahrzehnt, seit Blockade und Luftbrücke, seit dem Aufstand vom 17. Juni 1953 und dem Chruschtschowschen Ultimatum vom November 1958 ein Symbol der Solidarität und des Selbstbehauptungswillens des Westens geworden. Seine Preisgabe hätte die Glaubwürdigkeit der westlichen Allianz in Frage gestellt. Für die Deutschen in der Bundesrepublik war Berlin immer noch von der Aura der alten Reichshauptstadt umgeben, es war für ein Jahrzehnt die letzte Brücke zwischen den beiden Teilen Deutschlands und damit der letzte Fluchtweg aus dem Osten gewesen; es war der Ort, wo die kulturelle und wirtschaftliche Überlegenheit des freien Westens täglich demonstriert und nach drüben projiziert wurde; nicht zuletzt war allein der westliche Teil der Stadt immer noch die einwohnerstärkste Großstadt und die größte industrielle Zusammenballung im freien Deutschland.

Aber während die Konferenz von 1959 eine klare Interessenübereinstimmung der Westmächte und der Bundesregierung in der Frage der Behauptung des freien Westberlin erkennen ließ, blieb sie in der Frage der deutschen Einheit schon deswegen wenig aussagekräftig, weil es darüber nur ein rethorisches Schattenboxen gab, während es in Wahrheit immer nur um Berlin ging.

Westliche Skepsis in der Wiedervereinigungsfrage

Seit jener Genfer Konferenz ist ein Vierteljahrhundert verstrichen. Vieles hat sich seitdem verändert. Der kalte Krieg wurde durch eine längere Periode der Entspannung abgelöst. In ihrem Ablauf kam es zu den deutschen Ost-Verträgen, zum Berliner Vier-Mächte-Abkommen, zum Grundlagen-Vertrag mit der DDR, zur Aufnahme diplomatischer Beziehungen zwischen den drei Westmächten und Ost-Berlin, zu zwei SALT-Verträgen und zur Schlußakte von Helsinki.

Viele Fragen drängen sich auf: Gibt es noch – wenn es das je gegeben haben sollte – gemeinsame Interessen an der Wiederherstellung der deutschen Einheit? Gibt es noch ein Interesse der Deutschen in Ost und West daran? Ist das Engagement des Westens für die Freiheit Westberlins noch krisenfest?

Natürlich reichen alle diese Fragen weit über das Jahr 1959 zurück. Als wir bei der Verhandlung der Bonner Verträge in den frühen fünfziger Jahren darauf insistierten, daß sich die drei westlichen Vertragspartner auf das gemeinsame Ziel der Wiedervereinigung Deutschlands festlegten, hatten wir keine Illusionen darüber, daß es im Westen bei den Regierungen wie in der Öffentlichkeit wenig Sympathien für diese Zielsetzung gab.

Aus welchem Jahr das berühmte Dictum von François Mauriac auch stammen mag: »Ich liebe Deutschland so sehr, daß ich froh darüber bin, daß es zwei davon gibt« – es könnte ebenso in seinem Todesjahr 1970 wie in den frühen fünfziger Jahren formuliert sein. Aus den Jahren, in denen François Mitterrand der Opposition angehörte, stammt seine Bemerkung, die deutsche Wiedervereinigung sei »weder wünschenswert noch möglich«.

In unseren Tagen sind solche Äußerungen in abgewandelter Form (ohne die schillernde Liebeserklärung Mauriacs) von dem italienischen Außenminister Andreotti wiederholt worden, der auf einer kommunistischen Veranstaltung verkündete: »Es gibt zwei deutsche Staaten, und zwei sollen es bleiben.« Damit hatte er, wie der österreichische Alt-Bundeskanzler Bruno Kreisky meinte, nur das ausgesprochen, was alle dachten. Kennedy hätte ihm sicher zugestimmt, wenngleich er sich stets gehütet hat, so deutlich zu werden. Dem Schwiegersohn Chruschtschows, Adschubej, versicherte er am 25. November 1961 – vier Tage nach dem Ende des zweiten Besuchs Adenauers in Washington: »Mir ist klar, daß es zwei Deutschland geben wird, solange die Sowjetunion der Ansicht ist, daß dies in ihrem Interesse liegt.« Daß die Wiedervereinigung irreal sei, unterstrich er durch den weiteren Satz: »Ich glaube, wir könnten in unserem Jahrhundert in Mitteleuropa Frieden haben, wenn wir eine Einigung über Westberlin erzielen.« Dies wurde auf dem Höhepunkt der Berlin-Krise und sieben Jahre nach dem Abschluß der Pariser Verträge gesagt, in denen sich die Vereinigten Staaten zusammen mit den Verbündeten auf eine Politik der Wiedervereinigung Deutschlands festgelegt hatten, und wenige Tage vor einer erneuten Bekräftigung dieser Zielsetzung durch die Regierung Adenauer im Deutschen Bundestag.

Dieses alles legt die pauschale Schlußfolgerung nahe, daß es für die Lösung der deutschen Frage im Sinne einer Wiederherstellung der staatlichen Einheit Deutschlands bei den westlichen Verbündeten nur eine tiefverwurzelte Abneigung gibt, die gleichermaßen auf Emotionen wie auf Interessenabwägungen beruht.

Ich würde mir jedoch die Antwort auf die mir gestellte Frage: »Wie weit reicht die Interessengemeinschaft mit den westlichen Partnern im Hinblick auf die deutsche Frage?«, wohl doch etwas zu leicht machen, wenn ich ganz pauschal sagen würde: sie reicht nur bis zu der stereotypen Rhetorik der NATO-Kommuniqués und ähnlicher offizieller Verlautbarungen.

Über die emotionalen Hintergründe der Abneigung gegen ein wiedervereinigtes Deutschland will ich mich hier nicht in Spekulationen einlassen. Solche Stimmungen schwanken und verändern sich häufig. Einigermaßen sicher ist nur, daß das Pendel häufiger nach der negativen als nach der positiven Seite ausschlägt. Das hat sich in jüngster Zeit erneut bestätigt, als in der Bundesrepublik pazifistische und neutralistische Strömungen zunahmen und als Gefährdungen der deutschen Bündniszuverlässigkeit gewertet wurden.

Was sind »Interessen«?

Aber mir ist die Frage der Interessenübereinstimmung gestellt. Das ist insofern eine vielschichtige und vieldeutige Frage, als der Begriff der »Interessen« sehr komplexer Natur ist:

Es gibt Sicherheitsinteressen, Wirtschaftsinteressen, ideelle Interessen (wie zum Beispiel Interessen an der Bewahrung von Freiheit, Demokratie und Menschenrechten) und noch manche andere. Sie decken sich keineswegs immer und überall.

Es gibt kurzfristige und langfristige Interessen – auch sie können auseinanderklaffen. Es gibt Interessen, die der eine für evident und unbezweifelbar hält, während der andere sie leugnet, für eine Chimäre hält oder für einen Vorwand, der andere Motivationen verdecken soll. Ein Deutscher beurteilt die französischen Interessen häufig anders als die Franzosen selbst, und das gleiche gilt in umgekehrter Richtung für die Beurteilung der deutschen Interessen.

Ein besonderes Kapitel sind die sogenannten »wohlverstandenen Eigeninteressen«, die man seinem Gegenspieler schmackhaft zu machen sucht. Die Deutschen haben zum Beispiel den Russen immer wieder zu suggerieren versucht, daß die Überwindung der deutschen Teilung letztlich auch im »wohlverstandenen Eigeninteresse« der Sowjetunion liege. Viel Erfolg haben sie damit nicht gehabt.

Welches Deutschland ist Gegenstand der Interessenabwägung?

Ebenso vieldeutig wie der Begriff des Interesses ist in unserer Fragestellung das Objekt, auf das sich dieses Interesse richtet:

Ist es:

1. ein kommunistisches Gesamtdeutschland?

2. ein neutrales Gesamtdeutschland zwischen den Blöcken, und zwar ein bewaffnetes oder ein unbewaffnetes?
3. ein wiedervereinigtes Deutschland, das (wie Art. 7 Abs. 2 des Bonner Vertrages sagt) »eine freiheitlich-demokratische Verfassung ähnlich wie die Bundesrepublik besitzt und das in die europäische Gemeinschaft integriert ist«?
4. ein Gesamtdeutschland in den Grenzen von 1937 – oder ein Zusammenschluß von Bundesrepublik, DDR und Berlin?

Wir können unsere Fragestellung am besten verengen und auf ihren Kernpunkt zurückführen, wenn wir uns zunächst diesen vier verschiedenen Konzeptionen der deutschen Einheit zuwenden.

Keine Interessengemeinschaft hinsichtlich der Grenzen von 1937

Man wird am besten mit dem letzten (4.) Punkt beginnen, weil er ein von den übrigen verschiedenes, in sich abgeschlossenes Kapitel bildet. Er ist auch in der Bundesrepublik selbst kontrovers. Ich bin selbst vor zwei Jahren von dem Vorsitzenden der Landsmannschaft Schlesien, Herbert Hupka, in der Presse angegriffen worden, weil ich in einem Vortrag gesagt hatte, die drei Westmächte hätten sich in den Verträgen von 1952/54 nicht auf das Ziel einer Wiedervereinigung in den Grenzen von 1937 festgelegt und auch das Grundgesetz hätte eine solche Festlegung vermieden. Was auch immer unsere Gefühle um die verlorenen Ostgebiete jenseits von Oder und Neiße sein mögen (ich teile den Schmerz darüber), so wäre es doch ein wirklichkeitsfremder Utopismus und eine auch den zentralen deutschen Interessen schädliche Illusion, an eine Rückgewinnung dieser Gebiete selbst in einer weiter entfernten Zukunft zu denken.

Aber mein Thema hier ist nicht in erster Linie, was die Deutschen denken und fühlen und wie ihre Interessen zu beurteilen sind. Ich soll über gemeinsame Interessen mit den westlichen Partnern sprechen, und dazu bedarf es zu allererst einer Definition ihrer Interessen. Ein Versuch, sie zu bestimmen, muß davon ausgehen, daß keiner unserer westlichen Partner ein Interesse an der Rückgliederung der Ostgebiete in deutsches Herrschaftsgebiet erkennen läßt. Das ist so eindeutig, daß ich glaube, auf Belege verzichten zu können. Allenfalls könnte jemand einwenden, es handle sich dabei um Emotionen und Stimmungen, die mit den wahren Interessen der westlichen Nationen nicht übereinstimmten. Ich glaube nicht, daß sich dieser Einwand überzeugend begründen läßt. Wer die Geschichte der letzten 50 Jahre in dieser Frage zurückdrehen wollte, würde die 1945 entstandene Struktur Europas so tiefgreifend erschüttern, daß kein westlicher Staatsmann die Verantwortung für die daraus resultierenden unabsehbaren Folgen würde übernehmen wollen. Es ginge ja nicht um eine begrenzte territoriale Frage, sondern um die in Teheran, Jalta und Potsdam beschlossene West-Verschiebung Polens. Auf dem Spiele stehen würden die sowjetische Annexion Ostpolens ebenso wie die 1939 von England und Frankreich abgegebenen Garantieversprechen an Polen; und für jeden amerikanischen Präsidenten die Millionen polnischer Wählerstimmen in Chicago und anderen amerikanischen Großstädten. Keine denkbaren Vorteile, die sich aus einer Rückgliederung dieser Gebiete an Deutschland ergeben könnten, würden die Nachteile, Probleme und Gefahren aufwiegen können, die damit für die westlichen Allianzpartner verbunden wären.

Wenn es ein lebenswichtiges deutsches Interesse an der Rückgewinnung dieser Gebiete gäbe – was ich bezweifle –, so müßte man feststellen, daß es insoweit keine Interessengemeinschaft mit den westlichen Partnern gibt. Allenfalls ließe sich darüber reden, ob es sinnvoll ist, die in Potsdam ebenso wie in den Verträgen von 1952/54 und in den deutschen Ost-Verträgen bis zum Abschluß eines Friedensvertrages offen gelassene Grenzfrage völkerrechtlich so lange offen zu lassen, bis in der deutschen Frage andere Fortschritte erreicht worden sind.

Drei Deutschland-Konzeptionen

Zu den drei anderen Konzeptionen eines wiedervereinigten Deutschlands:

1. Niemand kann vernünftigerweise annehmen, daß ein kommunistisches Gesamtdeutschland mit der Interessenlage des Westens vereinbar wäre. Erst recht gilt dies für die Bundesrepublik selbst. Insoweit kann man eine mehr oder minder vollständige Interessenübereinstimmung konstatieren, heute wie für die absehbare Zukunft.

2. Ähnliches gilt für ein neutrales oder neutralisiertes Deutschland zwischen den Blöcken (wobei ich unter »neutral« einen Status selbstgewählter Neutralität aus freiem Entschluß verstehe – so wie Schweden oder die Schweiz ihre Neutralität interpretieren; unter »neutralisiert« einen vertraglich festgelegten, von den Großmächten völkerrechtlich garantierten Status der Neutralität, wie ihn Belgien vor 1914 besaß).

Von John Foster Dulles, der während seiner Amtszeit stets nachdrücklich die Wiedervereinigung befürwortet hat, gibt es eine Äußerung aus dem Jahre 1959 (gegenüber dem damaligen Regierenden Bürgermeister von Berlin, Willy Brandt), die den Erklärungen von Kennedy gegenüber Adschubej ähnelt, sich aber in einem entscheidenden Punkt von ihm unterscheidet: »Die Russen und wir«, sagte er, »mögen uns über tausend Dinge uneinig sein.

Doch über eines gibt es keine Meinungsverschiedenheit: Wir werden es nicht zulassen, daß ein wiedervereinigtes, bewaffnetes Deutschland im Niemandsland zwischen Ost und West umherirrt.« Diesem Satz hätte auch de Gaulle ohne Zweifel zugestimmt – ebenso wie auch Adenauer und andere europäische Staatsmänner, insbesondere auch englische. Ob auch Stalin ihn für eine richtige Interpretation seiner Meinung gehalten hätte, mag hier offen bleiben.

Kein verantwortlicher europäischer Politiker hielt ein neutrales Gesamtdeutschland für akzeptabel – und das dürfte für die heute regierende Generation ebenso gelten wie für die von 1959. Dabei spielt es kaum eine Rolle, ob dieses neutrale Deutschland bewaffnet oder unbewaffnet sein sollte. Ein unbewaffnetes Land von der Größe und dem Potential Deutschlands zwischen den verfeindeten Blöcken in Ost und West kann als machtpolitisches Vakuum

nur ein Gefahrenherd allererster Ordnung sein. Ein bewaffnetes Deutschland wäre zu schwach, seine Neutralität zu verteidigen; es lebte ständig in der Gefahr der »Schaukelpolitik«.
3. Die Äußerung von Dulles bezog sich jedoch, anders als die von Kennedy, auf ein Deutschland zwischen den Blöcken. Dulles hielt sich im Rahmen der Bonner und Pariser Verträge von 1952/54, indem er ein freiheitlich-demokratisches und europäisch integriertes Gesamtdeutschland nicht ausschloß.

Damit sind wir bei der dritten Form der Wiedervereinigung, die vom Standpunkt aller westlichen Allianzpartner – einschließlich der Bundesrepublik – die einzig diskutable ist.

Diskutabel, aber keineswegs allgemein akzeptiert. Botschafter Froment-Meurice hat vor zwei Jahren hier in Cadenabbia dazu sehr differenziert und vorsichtig Stellung genommen. Er sagte: »Wenn man den Franzosen einfache Fragen stellen würde: Ziehen Sie es vor, daß Deutschland in zwei Staaten, die Bundesrepublik Deutschland und die DDR, geteilt bleibt oder daß es in einem einzigen Staat vereinigt sein wird? – kann ich mir sehr gut vorstellen, daß die Mehrheit der Antworten für die Aufrechterhaltung der Teilung wäre.

Wenn man aber präzisere Fragen stellen würde, schließe ich nicht aus, daß eine Mehrheit sich zugunsten eines wiedervereinigten Deutschland aussprechen würde, aber unter gewissen Bedingungen, die diese Wiedervereinigung für Deutschlands Nachbarn für den Frieden in Europa gefahrlos und damit annehmbar machen würde.«

Seine Bedingungen liefen im Kern auf die in den Verträgen formulierten hinaus: es müßte ein freiheitlich-demokratisches und ein europäisch-integriertes Deutschland sein.

Differenzierte Interessenlage des Bündnispartner

In der Tat sollte eine unter solchen Bedingungen erreichte staatliche Einheit Deuschlands vom Standpunkt der Sicherheitsinteressen aller westlichen Bündnispartner als annehmbar, ja sogar als wünschenswert betrachtet werden, jedenfalls dann, wenn die

Europäische Gemeinschaft ihrerseits Teil des Atlantischen Bündnisses bleibt und dem wiedervereinigten Deutschland keine Beschränkungen in bezug auf seine Bündniszugehörigkeit und seine Teilnahme an der militärischen Verteidigungsstruktur des Bündnisses auferlegt werden. Ich lasse hier unerörtert, daß eine solche Annahme die Möglichkeit der Wiedervereinigung noch irrealer machen würde, als sie es ohnehin schon ist.

Die Vorteile, die sich für die Verteidigungskraft des Westens ergeben würden, liegen auf der Hand: die Vorverlegung des Verteidigungs-Glacis um einige hundert Kilometer nach Osten, die Stärkung der konventionellen Streitkräfte durch die dringend notwendige personelle Auffüllung der Bundeswehr, die Reduzierung der Warschauer-Pakt-Streitkräfte um eine ihrer nächst der Roten Armee der Sowjetunion stärksten verbündeten Streitkraft, die »Nationale Volksarmee« der DDR, der Wegfall aller moralisch-psychologischen Probleme, die sich im Kriegsfall aus einem Kampf Deutscher gegen Deutsche ergeben könnten.

Man kann sich nur schwer vorstellen – aber hier wird man mich vielleicht korrigieren und auf die subjektive Befangenheit aufmerksam machen, mit der man fremde Interessenlagen beurteilt –, daß eine Verstärkung des deutschen militärischen Potentials zu allianzinternen Sicherheitsbedenken führen könnte. Ich möchte annehmen, daß Befürchtungen, die sich auf eine Bedrohung durch Allianzpartner beziehen, im heutigen Europa so irreal geworden sind, daß niemand sie noch ernst nimmt.

Erst recht erscheint natürlich eine Wiedervereinigung unter den genannten Bedingungen vom Standpunkt der gemeinsamen ideellen Interessen des Westens wünschenswert: Wer könnte etwas daran auszusetzen haben, wenn ein altes europäisches Kulturgebiet in den Bereich freiheitlicher demokratischer Staatsformen einbezogen würde, wenn Menschenrechte auch in Dresden, Leipzig, Frankfurt/Oder respektiert würden, wenn die EG nach Osten hin erweitert würde?

Nicht ganz so einfach liegen die Dinge bei den wirtschaftlichen Interessen. Hier ist zu vermuten, daß manche EG-Partner ein weiteres Anwachsen des deutschen Wirtschaftspotentials als ihren

Interessen abträglich erachten würden. Bekannt ist, daß einem Staatsmann wie Pompidou schon die Bundesrepublik in ihrem heutigen Umfang als ein zu starker wirtschaftlicher Konkurrent erschien. Sicher lassen sich ähnliche Besorgnisse auch in anderen westeuropäischen Ländern ausmachen.

Man muß hier nicht untersuchen, ob solche Befürchtungen begründet sind oder nicht. Nehmen wir einmal an, daß sie zumindest einen berechtigten Kern haben, so stellt sich für die betroffenen europäischen Partner die Frage, welchen Interessen sie Prioritäten einräumen – den wirtschaftlichen oder den sicherheitspolitischen und ideellen.

Was die ideellen Interessen anlangt, so muß man wohl annehmen, daß sie – so wie die westlichen Staaten und ihre Völker veranlagt sind – den wirtschaftlichen und sicherheitspolitischen untergeordnet werden, wie es übrigens ja auch die Sowjetunion mit den in ihrem System besonders intensiv ausgeprägten ideologischen Interessen tut. Was ja auch insofern seine Logik hat, als man politische Freiheit, Demokratie und Menschenrechte nicht bewahren kann, wenn die Sicherheit nach außen nicht gewährleistet oder die wirtschaftliche Existenz gefährdet ist.

Mit der gleichen Logik könnte man argumentieren, daß die Sicherheitsinteressen Vorrang vor den wirtschaftlichen haben müßten, weil auch die wirtschaftliche Prosperität gefährdet oder nicht viel wert ist, wenn die äußere Sicherheit und damit die politische Freiheit verloren geht.

In unseren westlichen Wohlstands- und Wohlfahrtsgesellschaften hört man heute in zunehmendem Maße auch die umgekehrte Argumentation: Die äußere Sicherheit könne nicht bewahrt werden, wenn die Bevölkerung in wirtschaftliche Bedrängnis gerate und das Interesse an der Verteidigung einer freiheitlichen gesellschaftlichen, wirtschaftlichen und politischen Ordnung verliere. Steigende Rüstungslasten könnten so die gesellschaftliche Ordnung und die Wirtschaft ruinieren.

An diesen gegenläufigen Argumentationen wird deutlich, daß die Beurteilung der Interessenlage eines Landes auch in den eigenen Reihen unterschiedlich sein kann und häufig vom innenpolitischen Standpunkt des Urteilenden abhängig ist: Auf der linken Seite des politischen Spektrums hört man häufig die letztgenannten Argumente, auf der rechten die zuerst erwähnten.

Das Rangverhältnis der Interessen steht auch im Zusammenhang mit ihrer Kurz- oder Langfristigkeit. Die demokratischen, parlamentarischen Vielparteienstaaten des Westens neigen zur politischen Kurzatmigkeit, ihre führenden Politiker orientieren sich an den nächsten Wahlterminen und geben daher allen jenen Gesichtspunkten Vorrang, die ihre Chancen im nächsten Wahlkampf verbessern. Das sind fast immer die wirtschaftlichen. Die Bekämpfung der Arbeitslosigkeit ist eine wirksamere Wahlparole als die Aufstellung neuer Raketen oder gar die Verlängerung der Militärdienstzeit. Daß damit auf längere Sicht die Sicherheit des Landes gefährdet werden kann, wird gern verdrängt und gerät in Vergessenheit.

Aus alledem ergibt sich die Schlußfolgerung, daß es kaum objektive und allgemeingültige Kriterien für die Beurteilung der Interessenlage eines Landes gibt – und das gilt auch für das Interesse unserer westlichen Partner an der Aufrechterhaltung oder Überwindung der deutschen Teilung. In einer Zeit allgemeinen wirtschaftlichen Aufschwungs treten die Befürchtungen vor einem übergewichtigen deutschen EG-Partner und Konkurrenten zurück. Und zum anderen: In einer Periode wachsender Ost-West-Spannungen gewinnen die sicherheitspolitischen Überlegungen stärkeres Gewicht als in einer Phase der Entspannung.

Es versteht sich von selbst, daß auch die nationalen Interessen unserer verschiedenen Partner im Westen nicht identisch sind. Das gilt insbesondere für die Vereinigten Staaten. Sie sind kein Mitglied der EG und werden daher nicht von den Besorgnissen vor einem deutschen Übergewicht innerhalb der Gemeinschaft betroffen. Ihre Sicherheitsinteressen decken sich nur teilweise mit denen der europäischen Partner. Ihr Verhältnis zu der zweiten nuklearen Supermacht im Osten ist ein anderes als das der westeuropäischen Mittelmächte und kleineren Staaten. Ihre politischen Traditionen und ihr politischer Stil sind anders. Ihre Verantwortung für den Ausgang des Zweiten Weltkrieges und seine

Folgen ist eine besondere – für den militärischen Erfolg wie für den politisch-diplomatischen Mißerfolg. Im Grunde müßte daher alles, was hier über die Interessen unserer westlichen Partner an der deutschen Frage gesagt wird, für jede einzelne Nation spezifiziert werden. Schon aus zeitlichen Gründen muß hier davon abgesehen werden.

Frankreichs Interessen in bezug auf die Einheit Deutschlands

Der ausländische Beobachter, dessen Urteil nicht primär von der innenpolitischen Situation im Partnerland und den dort angestellten wahltaktischen Gesichtspunkten beeinflußt ist, neigt dazu, dem Partnerland die langfristigen gemeinsamen Sicherheitsinteressen vor Augen zu stellen. Im deutsch-französischen Verhältnis bedeutet das, daß wir unseren französischen Nachbarn davon zu überzeugen suchen, daß die klassische Tradition der auf Zersplitterung und Teilung Deutschlands gerichteten französischen Außenpolitik überholt ist und nicht mehr im Interesse Frankreichs liegt, weil seine Bedrohung, wenn es sie gibt, nicht mehr von Deutschland, sondern von der Sowjetunion ausgeht.

Ich weiß nicht, aus welchen Motiven General de Gaulle seine in den ersten Nachkriegsjahren verfolgte Deutschlandpolitik der Dismembration aufgegeben und sich zum Befürworter eines aus der Bundesrepublik und der DDR zusammengefügten gesamtdeutschen Staates gewandelt hat. Aber ich könnte mir vorstellen, daß er nicht nur aus taktischen Überlegungen gehandelt hat, um den deutschen Partner zufriedenzustellen, sondern aus der staatsmännischen Einsicht, daß auf weite Sicht die Teilung einer großen Nation keine Europa zuträgliche Lösung sein kann. Man könnte sich denken, daß de Gaulle mit seinem ausgeprägten Sinn für die Kraft und das Selbstbewußtsein der geschichtlich gewordenen großen Nationen Europas nicht daran glaubte, daß sich die Deutschen auf lange Sicht mit der Teilung abfinden würden. Die Stimmungslage in der Bundesrepublik schien dem längere Zeit zu widersprechen. Aber es gibt Indizien für einen langsamen Stimmungswandel, unter anderem auch das neue Phänomen eines linken Nationalismus. Vor allem aber gibt es eine starke Tendenz in der DDR, sich der deutschen Geschichte und der Suggestivkraft des nationalen Gedankens zu bemächtigen. Auch unsere westlichen Partner sollten ein Interesse daran haben, daß der Gedanke der nationalen Einheit der Deutschen nicht zu einem Instrument kommunistischer Propaganda wird.

Tocqueville über die französische Deutschland-Politik

De Gaulles Hinwendung zur deutschen Einheit könnte gleichermaßen von der Einsicht motiviert gewesen sein, daß die Teilung nicht der neuen Kräftekonstellation gerecht wird, die durch das Ende des Zweiten Weltkrieges bewirkt worden ist. Er wäre damit dem Ratschlag gefolgt, den ein großer französischer Historiker, dem wir noch andere erstaunlich klarsichtige Voraussagen verdanken, vor mehr als einem Jahrhundert seinen Landsleuten gegeben hat.

Alexis de Tocqueville schrieb 1850 in seinen »Souvenirs«: »Eine ernstere Frage, die ich mir stelle, war diese (ich erinnere daran, weil sie immer gestellt werden muß): Liegt es im Interesse Frankreichs, daß das Band des Deutschen Bundes enger oder lockerer wird? Mit anderen Worten, sollen wir Franzosen wünschen, daß Deutschland in gewissen Hinsichten eine einzige Nation wird oder eine schlecht zusammengehaltene Verbindung einiger Völker und Fürsten bleibt? Es ist eine alte Tradition unserer Diplomatie, wir sollten bestrebt sein, daß Deutschland unter einer großen Zahl unabhängiger Mächte geteilt bleiben muß; und das war in der Tat evident, als sich hinter Deutschland nur Polen und ein halbbarbarisches Rußland befanden. Aber ist das auch heute so? Die Antwort, die man auf diese Frage geben soll, hängt ab von der Antwort auf jene andere Frage: Welche Gefahr für die Unabhängigkeit Europas stellt in unseren Tagen Rußland dar? Was mich angeht, so denke ich, daß der Westen davon bedroht ist, über kurz oder lang unter das Joch oder zumindest unter den direkten und unwiderstehlichen Einfluß der Zaren zu fallen; und ich urteile, daß es unser erstrangiges Interesse ist, die Einigung aller deutschen Stämme (races germaniques) zu begünstigen, um diese Union dem Zaren entgegenzustellen. Der Zustand der Welt ist neu: Wir müssen unsere alten Maximen ändern, und wir dürfen uns nicht fürchten, unsere Nachbarn stark zu machen, damit sie in der Lage sind, eines Tages mit uns den gemeinsamen Gegner zurückzudrängen.«

9. Die deutsche Frage in der Außenpolitik der Bundesrepublik

– 1984 –

Als die noch unter Besatzungsrecht stehende Bundesrepublik Deutschland im Herbst 1949 konstituiert wurde, fehlte ihr zunächst die faktische und rechtliche Fähigkeit, eine eigene Außenpolitik zu treiben. Als sie Anfang der fünfziger Jahre schrittweise diese Fähigkeit erlangte (mit Einschränkungen durch das Revidierte Besatzungs-Statut vom 7. März 1951, später ohne diese durch den am 5. Mai 1955 in Kraft getretenen Deutschland-Vertrag), stellten sich ihr zwei Arten außenpolitischer Aufgaben: Wie jeder andere Staat mußte sie Sicherheit und Wohlfahrt ihrer Bevölkerung gewährleisten; im Unterschied zu anderen mußte sie darüber hinaus, wie ihr die Verfassung aufgetragen hatte (Präambel des Grundgesetzes), die aus der Teilung des Landes und dem Drang aller europäischer Nationen (einschließlich der Deutschen) nach engerem wirtschaftlichen, politischen, militärischen Zusammenschluß erwachsenden Aufgaben in Angriff nehmen.

Im Laufe der seitdem verstrichenen mehr als drei Jahrzehnte kamen außenpolitische Aufgaben einer anderen Dimension hinzu, welche die Väter des Grundgesetzes und die ersten Bundesregierungen noch nicht in ihrem Blickfeld hatten: Entwicklungshilfe, Umweltschutz, technologischer Fortschritt, internationale Zusammenarbeit zum Schutze der Menschenrechte, zur Bekämpfung des Terrorismus, zur Verhütung einer – durch Energiekrise, Überschuldung der Entwicklungsländer, Massenarbeitslosigkeit in den Industriestaaten und anderen Ursachen – in den Bereich ernstzunehmender Gefahren gerückten Weltwirtschaftkrise, zur Rüstungskontrolle und Abrüstung.

Die Sicherheit ihres neuen Staatswesens und seiner Gesellschaftsordnung erschien den Deutschen in der Bundesrepublik in der ersten Hälfte der fünfziger Jahre keineswegs ungefährdet. Der kalte Krieg war voll im Gange. Die Unterwerfung Ost- und Südosteuropas unter kommunistische Herrschaft und die Berliner Blockade lagen erst wenige Jahre zurück. Der Korea-Krieg wurde als ein weiterer Versuch der Expansion des von Moskau gelenkten, damals Rot-China auch operativ noch einschließenden Weltkommunismus verstanden. Die SED vertrat ein Programm der deutschen Einheit unter kommunistischer Führung. Die Aufstellung einer kasernierten Volkspolizei und bewaffneter Betriebskampfgruppen wurde mit Besorgnis beobachtet. Der 17. Juni 1953 wurde von der SED als Indiz einer latenten, zwar im eigenen inneren Bereich wurzelnden, aber leicht zu Verwicklungen mit dem westdeutschen Staat und seinen Besatzungsmächten führenden Gefährdung empfunden, die auch im Westen erkannt wurde.

In dieser Situation mußte eine sicherheitspolitische Grundentscheidung getroffen werden, zu der auch die Westmächte drängten. Sie fiel, in Übereinstimmung mit der Orientierung der großen Volksmehrheit an den Idealen der Demokratie, der Menschenrechte, der parlamentarischen Regierungsform und des Rechtsstaates, zugunsten der engen, bündnismäßigen Verbindung mit dem Westen. Deutschland-Vertrag und Beitritt der Bundesrepublik zur Atlantischen Allianz und zur Westeuropäischen Union besiegelten (1954/55) diese außenpolitische Grundentscheidung, die nach wenigen Jahren von allen großen Parteien des Bundestages (von der damaligen SPD-Opposition seit dem Godesberger Parteitag 1960) voll mitgetragen wurde und die bis zum heutigen Tage die bestimmende Grundlage der Außenpolitik dieses Staates geblieben ist – woran sich auch dadurch nichts ändert, daß einige mit mehr Lautstärke als Stimmstärke agierende Randgruppen, organisiert vor allem bei den »Grünen« und in der »Friedensbewegung«, den nationalen Konsens in dieser Frage aufgekündigt haben und diese Grundentscheidung kritisieren und ablehnen.

Ein schlüssiges Alternativkonzept ist von diesen Gruppen nie entwickelt worden; sie haben sich bisher mit illusionären Forderungen nach allgemeiner, gegebenenfalls auch einseitiger Abrüstung und mit der Wiederbelebung von Neutralisierungsideen begnügt, die schon in den fünfziger Jahren in der Auseinandersetzung um die Westverträge von einigen Außenseitern und Minderheitsgruppen (wie etwa der »Gesamtdeutschen Volkspartei« des später zur SPD übergewechselten Bundespräsidenten Heinemann) vertreten worden waren.

Der Neutralisierungsgedanke wurde damals nicht nur von der Bundesregierung, sondern auch von den Regierungen der westlichen Besatzungsmächte und allen großen Parteien des Bundestages (von der SPD auch schon vor Godesberg) sowie von allen maßgeblichen Kräften der Öffentlichkeit außerhalb der Parteien abgelehnt. Aus diesem Grunde entbehrte der erst Jahre später entbrannte Streit um die angeblich »verpaßte Gelegenheit« des Eingehens auf die berühmte Stalin-Note vom 9. März 1952 (und einige weitere Noten jener Jahre) jeder realen Substanz. Denn abgesehen von der (bis heute umstrittenen) Frage, ob diese Noten nur taktische Störmanöver gegen den Abschluß der West-Verträge waren oder ob ihnen eine ernsthafte Verhandlungsbereitschaft zugrundelag (oder ob sie beide Elemente zugleich enthielten), entwarfen sie doch nur ein Verhandlungskonzept, das auf einem allgemein als unakzeptabel betrachteten Lösungsmodell der deutschen Frage aufgebaut war.

Heute wie damals muß die Sicherheitspolitik der Bundesrepublik von der durch nichts hinwegzudiskutierenden Tatsache ausgehen, daß es seit dem Ende des Zweiten Weltkrieges in Europa ein machtpolitisches Ungleichgewicht gibt, das die Europäer aus eigener Kraft nicht beheben, sondern nur durch die enge Verbindung mit den Vereinigten Staaten auszugleichen vermögen. Diese Erkenntnis, die schmerzlich sein mag, aber nicht zu entkräften ist, macht den Gedanken an ein Europa als »dritte Kraft« zwischen den Supermächten zur Illusion und setzt auch allen Bemühungen um eine engere verteidigungspolitische Zusammenarbeit der Europäer Grenzen: sie ist nur realistisch, soweit sie sich im Rahmen des Atlantischen Bündnisses und damit der europäisch-amerikanischen Verteidigungskooperation und der amerikanischen militärischen Präsenz in Europa hält. Der Vertrag über die Westeuropäische Union (WEU), der 1954 zusammen mit dem NATO-Beitritt der Bundesrepublik der neuen Situation angepaßt wurde und der vor allem auch deswegen bedeutsam ist, weil er eine automatische Beistandsverpflichtung der sieben Mitgliedstaaten (Großbritannien, Frankreich, Italien, Bundesrepublik und Benelux-Staaten) enthält, mag als vertraglich-organisatorischer Rahmen für eine solche Zusammenarbeit verwendbar sein. Entscheidend ist jedoch das substanzielle Konzept, das einer solchen engeren Zusammenarbeit zugrundegelegt werden kann. Nicht zu bezweifeln ist, daß die militär-technologische Entwicklung ebenso wie die Entwicklungsrichtung des strategischen Denkens in den Vereinigten Staaten ein Bedürfnis dafür geweckt hat.

Verflechtung mit dem Westen als Voraussetzung des wirtschaftlichen Wiederaufstiegs

Auch die Wohlfahrt, das heißt die wirtschaftliche Existenzsicherung, erschien Anfang der fünfziger Jahre keineswegs unproblematisch. Zwar war die schlimmste Not der ersten Nachkriegsjahre durch Marshall-Plan, Währungsreform und den zähen Wiederaufbauwillen der durch Krieg und Zusammenbruch schwer getroffenen Generation in wenigen Jahren behoben worden. Indessen gab es noch im Herbst und Winter 1950/51 eine Zahlungsbilanzkrise. Erst ab 1952, als die Entscheidung für die Westbindung bereits gefallen war (mit der Unterzeichnung des Deutschland-Vertrages erster Fassung am 26. Mai 1952) begann die Periode stetigen Wachstums. Vollbeschäftigung wurde Anfang 1955 erreicht – im gleichen Jahr, an dessen Ende mit der Anwerbung von Gastarbeitern zugleich ein Weg beschritten wurde, dessen Problematik in den Jahren ständig wachsender Arbeitslosenzahlen und zunehmender Erkenntnis der Integrationsschwierigkeiten bei manchen Gastarbeitergruppen deutlich wurde.

Erst allmählich zerstreuten sich auch die Zweifel, ob es gelingen würde, die Eingliederung der Flüchtlinge und Vertriebenen in die Wirtschaft der Bundesrepublik zu bewältigen. Wenn es, besonders gegen Ende der fünfziger und in den sechziger Jahren, zum deutschen »Wirtschaftswunder«, mit seiner beispiellosen Hebung des Massenwohlstandes kam, so vor allem auch infolge der parallel zur sicherheitspolitischen Westorientierung verlaufenden wirtschaftlichen Verflechtung der Bundesrepublik mit dem Westen, ihrer Mitgliedschaft in der OEEC (der späteren OECD), der Europäischen Zahlungsunion und vor allem in der Europäischen Gemeinschaft (und ihren Vorläufern, Montan-Union und EWG).

Nur mit dem Rückhalt an dieser wirtschaftlichen Verflechtung war der Aufstieg der Bundesrepublik in die Spitzengruppe der großen Industrienationen unserer Zeit möglich, die ihren Ausdruck in ihrer Rolle auf den großen, seit 1975 jährlich stattfindenden Gipfelkonferenzen der führenden Industriestaaten fand. Auf diesen Konferenzen vertrat sie, ebenso wie auf den Welthandelskonferenzen (UNCTAD) und auf den sonstigen, vor allem im Rahmen der Vereinten Nationen einberufenen internationalen Wirtschaftskonferenzen jenes Konzept, das sie in eigener Erfahrung als allein erfolgreich erprobt hatte: das Konzept des offenen und freien multilateralen Welthandelssystems und internationaler Arbeitsteilung bei entschlossener Abwehr protektionistischer sowohl wie dirigistischer Tendenzen.

Sicherheitspolitik, Wirtschaftspolitik und Europapolitik stützen und ergänzten sich dabei wechselseitig.

Wandel und Kontinuität in der Europa-Politik

Die Außenpolitik der Bundesrepublik stand von ihren Anfängen bis heute unter der in der Präambel des Grundgesetzes festgeschriebenen Vorgabe, daß dieser Staat »als gleichberechtigtes Glied in einem vereinten Europa dem Frieden der Welt zu dienen« habe. Welche Gestalt dieses vereinte Europa annehmen solle und auf welchen Wegen es zu erreichen sei – darüber traf der Verfassungstext keine Vorschriften, sondern ließ dem politischen Ermessen der Regierungen und Parlamente weitesten Spielraum.

Im Laufe der Zeit sind durchaus unterschiedliche Zielvorstellungen angesteuert, sind unterschiedliche Wege beschritten worden, haben sich die Antriebskräfte gewandelt, deren sich die Politiker bedienen konnten. Die idealistische Europa-Begeisterung der frühen Jahre, die in kurzen Zeiträumen ein »integriertes« Europa, einen Bundesstaat mit supranationalen Strukturen und einer gemeinsamen Verteidigungsorganisation schaffen zu können glaubte – Gedanken, die mit den Namen Monnet und Hallstein und der Staatsmänner-Trias Adenauer-Schumann-de Gasperi verknüpft sind – ist längst verflogen. Hochfliegende Projekte wie die Europäische Verteidigungsgemeinschaft (EVG) und die Europäische Politische Gemeinschaft, aber auch reduzierte Entwürfe wie die Fouchet-Pläne von 1961/62 gehören der Vergangenheit an. De Gaulles Parole vom »Europa der Vaterländer« goß viel Wasser in den europäischen Wein.

Der Beitritt Großbritanniens und weiterer europäischer Staaten, die den Plänen einer engen politischen Union skeptisch gegenüberstanden, veränderte die Ausgangslage von Grund auf. Wirtschaftliche Motive, das Interesse am gemeinsamen Markt, schoben sich mehr und mehr in den Vordergrund, ohne daß es gelang, befriedigende Lösungen für die Agrarpolitik, für die Beseitigung der Zollschranken, für die volle Freizügigkeit zu erreichen. Die Europäische Kommission verlor an Einfluß und Prestige, die Brüsseler Bürokratie erstarrte im gleichen Maße, in dem sie sich ausdehnte, der Ministerrat dominierte, das Europäische Parlament konnte sich ihm gegenüber auch nach zwei Direktwahlen nicht durchsetzen.

Die Regierungen der Bundesrepublik Deutschland haben gleichwohl das Ziel der politischen Union in ihrer Europa-Politik nie preisgegeben, wenngleich sie es mit unterschiedlicher Intensität verfolgten. Die seit Oktober 1982 amtierende gegenwärtige Bundesregierung ist mit dem Entschluß angetreten, »auf dem Weg der Einigung Europas energisch voranzugehen«, wie es in der Regierungserklärung des Bundeskanzlers vom 6. März 1983 (im Anschluß an die Regierungserklärung vom 13. Oktober 1982) hieß; »die Bundesregierung setzt sich mit aller Kraft für die

Europäische Union ein«. Der gegenwärtige Außenminister Hans Dietrich Genscher hat, noch während seiner Amtszeit als Mitglied der sozial-liberalen Koalition, zusammen mit dem italienischen Außenminister Colombo im November 1981 den Entwurf einer »Europa-Akte« vorgelegt, den Bundeskanzler Kohl beim Besuch des italienischen Ministerpräsidenten Craxi in Bonn im Februar 1984 einen »Anfang« nannte und hinzufügte: »Wir müssen einen wesentlichen Schritt weitergehen.«

In seinem Bericht über die Sitzung des Europarats in Fontainebleau hat der Bundeskanzler vor dem Bundestag am 28. Juni 1984 der auch auf die vielbeachtete Rede des französischen Staatspräsidenten Mitterrând vor dem Europäischen Parlament in Straßburg gestützten Beurteilung Ausdruck gegeben, daß sie einen »bedeutsamen Durchbruch zur Weiterentwicklung der Europäischen Gemeinschaft« gebracht und »zugleich Perspektiven für eine engere politische Zusammenarbeit in Europa eröffnet« habe. Unter Bezugnahme darauf, daß nicht alle Partner bereit sein würden, sich voll daran zu beteiligen, machte Kohl den bedeutsamen Zusatz: »Wir wollen, daß diejenigen, die weitergehen wollen, dies auch im Interesse der Gemeinschaft tun können.« Der Gedanke eines »Europe à deux vitesses« war damit angedeutet.

Zuviele zuversichtlich klingende Erklärungen dieser Art sind in der Vergangenheit abgegeben worden, als daß diese neue nicht Skepsis und Zweifeln begegnen müßte. Die Gefahr, daß sie wiederum Enttäuschungen wecken könnte, läßt sich nicht von der Hand weisen. Die gegenwärtige Europa-Politik der Bundesrepublik bewegt sich auf dem schmalen Grad zwischen einem interessengeleiteten, von Krise zu Krise fortwurstelnden Pragmatismus auf der einen Seite und einem zukunftsorientierten, aber realitätsfernen und von den europäischen Partnern nur halbherzig oder gar nicht mitgetragenen Konzept einer politischen Union auf der anderen. Es gehört Mut, Selbstvertrauen und Standfestigkeit dazu, an diesem Konzept unbeirrt festzuhalten und es nicht im Alltagsgerangel der nationalen Interessen der Mitgliedstaaten untergehen zu lassen – auf die Gefahr hin, daß sich diese Beharrlichkeit eines Tages doch als illusorisch erweist. Immerhin muß man den Vertretern dieses Kurses zugute halten, daß historisch bedeutsame Fortschritte häufig erst nach einer langen Wanderung durch ein dunkles Tal der Mißerfolge, des Unverständnisses und der scheinbaren Aussichtslosigkeit errungen worden sind.

Deutschlandpolitik: Überzeugende Antworten stehen noch aus

Im engsten Zusammenhang mit dem auf ein vereintes Europa gerichteten Verfassungsauftrag steht der andere: die »nationale und staatliche Einheit zu wahren« und »in freier Selbstbestimmung die Einheit und Freiheit Deutschlands zu vollenden«. Zwei Jahrzehnte lang kreiste das außenpolitische Denken in der Bundesrepublik hauptsächlich um die Frage, wie dieser Forderung Genüge geleistet und wie dieser Anspruch realisiert werden könnte. Lange hielt sich ein nationaler, die Parteien übergreifender Konsens in einigen grundlegenden Punkten: daß die Wiedervereinigung ein primäres Ziel der Außenpolitik sein müsse, nachgeordnet nur dem obersten Gebot, daß sie weder den Frieden noch die Freiheit gefährden dürfe; daß sie mit freien Wahlen in ganz Deutschland beginnen müsse und ein Friedensvertrag nur von einer aus solchen Wahlen hervorgegangenen gesamtdeutschen Regierung geschlossen werden könne; daß sie im Einklang mit einem System europäischer Sicherheit verwirklicht werden müsse, das der Bundesrepublik ebenso wie ihren Nachbarn in Ost und West zuverlässige Sicherheitsgarantien biete.

Bis in die Mitte der sechziger Jahre bestand auch darüber Einigkeit, daß die Bundesrepublik diplomatische Beziehungen nur mit solchen Staaten unterhalten sollte, die ihrerseits keine Beziehungen mit der DDR unterhielten und den Anspruch der Bundesrepublik anerkannten, als »die einzige frei und gesetzlich konstituierte deutsche Regierung . . . in internationalen Angelegenheiten als Vertreter des deutschen Volkes für Deutschland zu sprechen« (so der Wortlaut der New Yorker Deutschland-Erklärung der drei westlichen Besatzungsmächte vom 19. September 1950). Unter dem inoffiziellen Namen »Hallstein-Doktrin« und der amtlich bevorzugten Bezeichnung »Alleinvertretungsanspruch« beherrschte diese Maxime die Außenpolitik der Bundesrepublik in ihrem Verhältnis zu den Staaten des Ostblocks und der Dritten Welt.

In dem Maße, in dem die von der großen Mehrheit des deutschen Volkes anfänglichen gehegten Hoffnungen auf Wiedervereinigung zerrannen und niemand sich mehr darüber täuschen konnte, daß die Teilung für lange Zeit ein nicht mehr zu änderndes Faktum war, zerfiel der nationale Konsens in den deutschlandpolitischen Grundfragen. Nachdem bereits die Regierung der Großen Koalition (1967–69) flexibler taktiert (und zum Beispiel Handelsvertretungen in osteuropäischen Staaten eröffnet und die diplomatischen Beziehungen mit Jugoslawien unter Duldung fortdauernder diplomatischer Beziehungen zwischen Belgrad und Ost-Berlin wieder aufgenommen hatte), schlug die sozial-liberale Regierung unter Brandt und Scheel neue Wege ein. Mit dem Moskauer Vertrag vom 12. August 1970 wurde der Versuch begonnen, ohne grundsätzliche Preisgabe des Einheitszieles einen modus vivendi mit dem Osten zu erreichen, der die Spannungen des kalten Krieges und die mit ihm verbundene Haßpropaganda (»Revanchismus«, »Militarismus«) abzubauen erlaubte, wirtschaftliche und technische Zusammenarbeit ermöglichte und zu einer Verbesserung des allgemeinen Ost-West-Klimas beitragen konnte.

Normale und möglichst spannungsfreie Beziehungen zur Sowjetunion hatte auch Adenauer bereits angestrebt und mit seinem Moskau-Besuch im September 1955 die Voraussetzungen dafür geschaffen, in dem er der Aufnahme diplomatischer Beziehungen zustimmte, ohne daran Anstoß zu nehmen, daß es damit künftig zwei deutsche Botschaften nebeneinander in Moskau geben würde. Danach allerdings erfüllten sich die Hoffnungen auf verbesserte Beziehungen nur in geringem Umfang; vielmehr kam es wenige Jahre später zur zweiten Berlin-Krise und damit zu einem neuen Höhepunkt der Spannungen. Der Moskauer Vertrag von 1970 leitete dagegen eine längere Periode relativ entspannter Zusammenarbeit, besonders auf wirtschaftlichem Gebiet, ein.

Darüber, ob der dafür entrichtete Preis auf deutschlandpolitischem Gebiet zu hoch war und das Ergebnis auch mit weniger weitreichenden Konzessionen erreichbar gewesen wäre, entbrannte im Rahmen der parlamentarischen Ratifikationsdebatte ein heftiger Streit mit der oppositionellen CDU/CSU, die der Bundestag mit einem der sowjetischen Regierung notifizierten (und von ihr widerspruchslos entgegengenommenen) »Brief zur deutschen Einheit« zu beschwichtigen suchte, in dem festgestellt wurde, daß der Vertrag nicht in Widerspruch zu dem politischen Ziel der Bundesrepublik stehe, »auf einen Zustand des Friedens in Europa hinzuwirken, in dem das deutsche Volk in freier Selbstbestimmung seine Einheit wiedererlangt«.

Verträge mit Polen (1970) und der CSSR (1973) ergänzten diesen ostpolitischen Normalisierungsprozeß, der alsbald zur Aufnahme diplomatischer Beziehungen mit Warschau und Prag führte.

Die deutschlandpolitischen Zentralthemen wurden Gegenstand des sogenannten »Grundlagenvertrages« (Vertrag über die Grundlagen der Beziehungen zwischen der Deutschen Demokratischen Republik und der Bundesrepublik Deutschland vom 21. Dezember 1972), dem ein Viermächte-Abkommen über Berlin vom 3. September 1971 voraufgegangen war, das zu einem wesentlichen Teil die politischen Voraussetzungen für die Ratifikation aller Ostverträge geschaffen hatte: Ohne eine Absicherung West-Berlins und seiner Verbindungswege nach Westen wären alle diese Verträge kaum in Kraft getreten.

Seit nunmehr 12 Jahren bildet der Grundlagenvertrag (mit seinen Nebenvereinbarungen: Transitabkommen, Verkehrsvertrag und zahlreiche Briefwechsel zur Regelung technischer Fragen) den Rahmen und die Richtlinie für die Deutschland-Politik der Bundesrepublik – über den Regierungswechsel vom Oktober 1982 hinaus. Zwar war aus Anlaß der Ratifikation dieses Vertragswerkes der innenpolitische Streit erneut heftig aufgeflammt. Die Bayerische Staatsregierung hatte ihn mit einem Antrag vom 28. Mai 1973 vor das Bundesverfassungsgericht getragen, das die These von der Verfassungswidrigkeit des Vertrages zurückwies, aber eine Reihe von Interpretationen festschrieb (Berlin als Land der Bundesrepublik, die DDR als zu Deutschland gehörend und daher im Verhältnis zur Bundesrepublik nicht »Ausland«, Unzulässigkeit der Preisgabe von für die Wiedervereinigung relevanten Rechtstiteln), die es der Opposition erleichterten, sich mit den Verträgen abzufinden.

Diese trat denn auch nach kurzer Zeit auf den Boden des geltenden Vertragsrechtes und hat ihre Politik dem angepaßt. Damit wurde eine Entwicklung vorbereitet, die dennoch nach dem Regierungswechsel mit überraschtem Staunen aufgenommen wurde: daß die Regierung Kohl-Genscher eine Deutschland-Politik betrieb, die keinerlei Kontinuitätsbruch erkennen ließ und daher auch weitgehend die Zustimmung der SPD fand. Großzügige, von westdeutschen Banken gewährte Kredite, eine zeitweilig überraschend großzügige Handhabung der Ausreisegenehmigungspraxis durch die DDR-Behörden, Abbau von Selbstschußautomaten an der Grenze, Vorbereitungen für einen Besuch Honeckers in der Bundesrepublik und andere Indizien ließen einen Annäherungsprozeß zwischen Bonn und Ost-Berlin sichtbar werden, der auch die neue Frostwelle zwischen Moskau und Washington zu überdauern schien.

Eine »Koalition der Vernunft«? Einige Kritiker (zum Beispiel der frühere Leiter der Ständigen Vertretung Bonns in Ost-Berlin, Bölling) bemängeln, daß die Bundesregierung bisher versäumt habe, ein Konzept zu entwickeln, das den Sinn und die Absichten einer solchen Koalition verständlich mache. Andere Kritiker, aus den eigenen Reihen des Regierungslagers, fühlen sich, von anderen Voraussetzungen ausgehend, desorientiert, weil sie nicht verstehen, weshalb die Einwände gegen die Deutschland-Politik der sozial-liberalen Regierungen plötzlich vergessen zu sein scheinen. Niemand bezweifelt, daß »menschliche Erleichterungen« für die unter dem Regime der SED lebenden Deutschen erstrebenswert sind; aber kann sich aktive Deutschland-Politik in darauf gerichteten Bemühungen erschöpfen? Diese Frage wird von vielen gestellt. Überzeugende Antworten hierauf stehen noch aus.

Diejenige Veränderung der Welt, welche die am weitesten reichenden Konsequenzen für die Weltpolitik im allgemeinen und damit auch für die Außenpolitik der Bundesrepublik im besonderen hatte, war die sprunghafte Entwicklung der nuklearen Waffentechnologie und die parallel mit ihr einhergehende Ausbildung der nuklearen Parität zwischen den beiden Supermächten. Die auf beiden Seiten wachsende Erkenntnis, daß ein Nuklearkrieg gleichbedeutend mit einer Weltkatastrophe sein würde, daß keine Seite ihn gewinnen könne, gab den entscheidenden Anstoß zur Beendigung des kalten Krieges und zu einer Politik des Spannungsabbaus, des Dialogs, der Verhandlungen über solche Fragen, deren Regelung beide Seiten auf Grund begrenzter Interessenübereinstimmungen für möglich und wünschenswert hielten.

Ausgangspunkt der daraus folgenden Entspannungspolitik waren daher Bemühungen um solche Vereinbarungen, welche die Gefahr eines nuklearen Zusammenstoßes vermindern sollten: das Teststopabkommen von 1963, die Einrichtung des »heißen Drahtes«, der Kernwaffensperrvertrag, die Abkommen zur Begrenzung der strategischen Offensivwaffen (SALT) und von Raketenabwehrsystemen (ABM), die eine Seite in Versuchung führen könnten, einen nuklearen Erstschlag zu riskieren.

Die Bundesrepublik, die schon 1954 auf Atomwaffen verzichtet hat und die – trotz mancher Bedenken, die sich vor allem auch auf der Sowjetunion implicite eingeräumte Kontrollposition sowie auf die nur dem Wortlaut des Sperrvertrages nach unberührt bleibende friedliche Nutzung der Atomenergie bezogen – auch diesem Vertrage beigetreten ist, hat stets mit Nachdruck diese Rüstungskontrollpolitik (ebenso wie alle weitergehenden Abrüstungsbestrebungen) unterstützt. Sie hat die Ratifikation von SALT II noch zu einem Zeitpunkt befürwortet, als die Stimmungsentwicklung in den Vereinigten Staaten bereits erkennen ließ, daß dieses Abkommen im Senat kaum noch die erforderliche Stimmenzahl erhalten werde. Sie hat sich stets von dem Grundgedanken leiten lassen, daß die westliche Allianz angesichts der erdrückenden konventionellen Überlegenheit der Warschauer-Pakt-Staaten nicht auf die nukleare Abschreckung verzichten könne; daß dafür jedoch nicht mehr an nuklearer Rüstung notwendig sei, als es ein ungefähres Gleichgewicht zwischen Ost und West – auf dem niedrigstmöglichen Niveau – erfordere. Nur das mit der rasanten Hochrüstung der Sowjetunion im Mittelstreckenbereich (SS 20) entstandene Übergewicht der andereen Seite nötigte die Regierung Schmidt-Genscher, den NATO-Doppelbeschluß von 1979 zu unterstützen. Die Regierung Kohl-Genscher hat diese Politik fortgesetzt.

Die Bundesrepublik, die in gewisser Weise ein Kind des kalten Krieges gewesen war, hat sich nach vorübergehendem Zögern der neuen Lage angepaßt, die nach dessen Abflauen entstanden war. Sie hat sich in einigen Augenblicken sogar an die Spitze der Entspannungspolitik gesetzt, die sich daraus ergab.

Dies gilt vor allem für die Ostpolitik der frühen siebziger Jahre, die ihr nach dem Ballastabwurf des Alleinvertretungsanspruchs und dem Eintritt in die VN (nach langen Jahren eines bequemen, aber in seiner Wirksamkeit begrenzten Beobachter-Status in der Weltorganisation) größeren Manövrierspielraum verschafft hatte – wie immer man die Angemessenheit des dafür gezahlten Preises beurteilen mag.

Krise der Entspannungspolitik: Bewertungsunterschiede zwischen Bonn und Washington

Sie unterstützte die Entspannungspolitik auch dort, wo sie ihr Opfer abverlangte – wie etwa mit dem Beitritt zum Atomsperrvertrag oder mit der Zustimmung zu jenen Teilen der Schlußakte von Helsinki, die dem für sie unerfreulichen und schmerzlichen territorialen Status quo in Europa eine wenn nicht völkerrechtliche, so doch politisch-moralische und psychologische Legitimierung verschaffte.

Seit der Mitte der siebziger Jahre setzte, zunächst in den Vereinigten Staaten, ein Prozeß der Ernüchterung ein, in dessen Verlauf die Ergebnisse und die Aussichten der Entspannungspolitik zunehmend kritischer beurteilt wurden. Es verbreitete sich der Eindruck, daß man dabei schlecht abgeschnitten habe. Während man selbst die Rüstung gebremst habe, habe die Sowjetunion fieberhaft hochgerüstet; während sie sich in Europa und gegenüber den Vereinigten Staaten kooperations- und entspannungsbereit gezeigt habe, habe sie in Afrika revolutionäre Bewegungen und Regierungen gefördert und durch kubanische Söldner mit Waffengewalt unterstützt, habe sie die Konflikte im Nahen Osten geschürt. Die Intervention in Afghanistan und die drohenden Gesten der durch die polnische »Solidarnosc« ausgelösten Entwicklung brachten jenseits des Atlantik eine Stimmung auf den Höhepunkt, die sich dann im Olympia-Boykott, in der Verhängung von Sanktionen gegen Polen und der Stornierung der Ratifikation von SALT II entlud.

Die Außenpolitik der Bundesregierung geriet damit in ein Dilemma. Obwohl man in Bonn die amerikanische Beurteilung weithin teilte, wich man doch insoweit von ihr ab, als die Ergebnisse des Entspannungsprozesses für den eigenen Bereich positiver bewertet wurden; die Verbesserung der Lage Berlins und die Milderung vieler Schwierigkeiten im Verhältnis zur DDR wurden als wichtiger Gewinn betrachtet, ebenso wie die Intensivierung der Beziehungen zu den osteuropäischen Regierungen, besonders auch auf wirtschaftlichem Gebiet, und die Einstellung der seit vielen Jahren von Moskau betriebenen Haßpropaganda. Während man den amerikanischen Verbündeten nicht im Stich lassen wollte und den 1979 mitgetragenen Doppelbeschluß der NATO über die Stationierung amerikanischer Cruise-Missiles und Pershing-II-Raketen im Falle eines ergebnislosen Verlaufs der Genfer Verhandlungen zur Wiederherstellung des Rüstungsgleichgewichts im Mittelstrecken-Raketenbereich nach wie vor für gerechtfertigt hielt und seine Durchführung gegen alle agitatorischen Widerstände im Inneren zu gewährleisten bereit war, wollte man doch den Ost-West-Dialog nicht abreißen lassen und die Genfer Verhandlungen (einschließlich der Parallelverhandlungen über die strategischen Nuklearwaffen) nicht scheitern sehen. Helmut Schmidt, der die zum Doppelbeschluß führende Entwicklung selbst in Gang gesetzt hatte, bemühte sich bei einem Besuch in Moskau nachdrücklich und vorübergehend erfolgreich um die Rettung der Verhandlungen.

Beim Regierungswechsel im Herbst 1982 fand die neue Koalitionsregierung der Mitte eine heikle und labile Lage vor. Das Verhältnis zwischen Washington und Moskau hatte sich, nicht zuletzt infolge der harten Sprache Präsident Reagans, bis zu einem Grade abgekühlt, der den Temperaturen des kalten Krieges nahe kam.

Bundeskanzler Kohl, dem es rasch gelungen war, die in der letzten Phase der sozial-liberalen Koalition durch die schwankende Haltung der SPD in der Nachrüstungsfrage aufgekommene Irritation Washingtons über die Politik der Bonner Regierung zu beheben und ein persönliches Vertrauensverhältnis zum amerikanischen Präsidenten herzustellen, warb bei seinem Moskau-Besuch im Juli 1983 für die Aufrechterhaltung des Ost-West-Dialogs und befürwortete ein Gipfeltreffen Reagan–Andropow. Entschieden wies er den Vorwurf zurück, daß die Vereinigten Staaten in Genf nicht ernsthaft verhandelten. In allen Fragen der Bündnispolitik und insbesondere der Nachrüstung vertrat er auch in Moskau die Positionen, die er schon in seiner Regierungserklärung vom 4. Mai umrissen hatte: daß die Bundesrepublik zu beiden Teilen des Doppelbeschlusses stehe und daß die Stationierung der neuen Waffen wie geplant beginnen werde, wenn sich im Laufe des Jahres ein konkretes Verhandlungsergebnis noch nicht erzielen lasse. Die Regierungserklärung vom 4. Mai hatte diese Ankündigung in den weiteren Rahmen der außenpolitischen Konzeption seiner Regierung gestellt: daß die Bündnisstrategie von Abschreckung und Verteidigung auf der Grundlage des Gleichgewichts unverzichtbar bleibe, solange keine umfassende Abrüstung zustande komme.

Mitverantwortung für Krisen auch außerhalb des NATO-Vertragsgebietes

Bemerkenswert war ein Absatz dieser Erklärung, der auf dem Hintergrund der zeitweilig zugespitzten Situation im Persischen Golf zu sehen ist: »Jeder weiß, daß unsere vitalen Interessen über den Nato-Vertragsbereich hinausreichen. Krisenhafte Entwicklungen in anderen Teilen der Welt wirken sich auch auf uns aus. Deshalb brauchen und üben wir Solidarität und enge Abstimmung mit den Verbündeten, die weltweit Verantwortung übernommen haben.«

In der schwierigen Frage, welche Art und welches Maß von Beistand die Vereinigten Staaten von ihren Bündnispartnern erwarten können, wenn sie außerhalb des NATO-Vertragsgebietes in Konflikte verwickelt werden, die keine vertragliche Beistandsverpflichtung auslösen können, obgleich sie gegebenenfalls vitale Interessen anderer oder sogar aller Bündnispartner berühren, war in dieser Bemerkung eine sorgfältig abgewogene Antwort enthalten, in der die gleiche Linie verfolgt wurde, an die sich auch die voraufgegangene Regierung gehalten und der sie auf den NATO-Konferenzen der Jahre 1981/82 zugestimmt hatte: kein direkter Einsatz der Bundeswehr außerhalb des NATO-Gebietes, wohl aber Anerkennung einer Mitverantwortung für die Krisenbewältigung, die zur Konsultation führt und gegebenenfalls indirekte Unterstützungsmaßnahmen auslöst (in diesem Sinne erstmals das Brüsseler Kommuniqué des Verteidigungsplanungsausschusses der NATO vom 12./13. Mai 1981, von den Außenministern bekräftigt in ihren Kommuniqués vom 11. Dezember 1981, 18. Mai 1982 und 10. Dezember 1982).

Klimasturz und gefährdete Annäherung Bonn–Ostberlin während des Regimes Tschernenko

Nach der im Herbst 1983 erfolgten Stationierung der ersten amerikanischen Mittelstreckenraketen und der Nachfolge Tschernenkos in die Positionen des verstorbenen Staats- und Parteichefs

Andropow im Februar 1984 hat sich eine neue Lage entwickelt, die die Bundesrepublik in Abstimmung mit ihren Verbündeten zu einer Überprüfung ihrer Außenpolitik zwingen wird. Die Bemühungen Moskaus, die Nachrüstung durch eine massive propagandistische Beeinflussung der öffentlichen Meinung im Westen – insbesondere der »Friedensbewegung« – zu verhindern, sind gescheitert. Die Ankündigung der Stationierung neuer Kurzstrekkenraketen auf dem Gebiet von Warschauer-Pakt-Partnern hat den beabsichtigten Eindruck verfehlt und ist gerade auch bei diesen auf wenig Gegenliebe gestoßen. Die Genfer Verhandlungen sind unterbrochen. Die besonders von Außenminister Genscher unternommenen Bemühungen, die Stockholmer Konferenz über vertrauensbildende Maßnahmen ersatzweise zu einem Forum des fortdauernden Ost-West-Dialogs zu machen, blieben ohne wesentlichen Erfolg. In Moskau ist die Tschernenko-Equipe, in der Außenminister Gromyko und Verteidigungsminister Ustinow offenkundig weitgehend die Linie der Außen- und Verteidigungspolitik bestimmen, zu einer – zunächst gegen die Vereinigten Staaten, inzwischen auch gegen die Bundesrepublik gerichteten – Polemik übergegangen und zu einer Sprache zurückgekehrt, die in ihrer Schärfe und Feindseligkeit an die schlimmsten Zeiten des kalten Krieges erinnert. Ob die von beiden Seiten nachdrücklich betriebene Annäherung Bonn–Ost-Berlin in diesem Klima überleben kann, ist einstweilen eine offene Frage; ebenso offen bleibt auch die Frage, ob die amerikanische Präsidentenwahl im November den Kreml zu neuen Entschlüssen veranlassen wird.

10. Deutsche Bewußtseinsspaltungen

Die Stalin-Note, Adenauers Moskau-Reise und seine Haltung zur deutschen Frage im Jahr 1953

– 1986 –

Lautstarke Sprecher aus den Reihen des linken Flügels der SPD, sekundiert von den Grünen, fordern die Entfernung des Wiedervereinigungsgebots aus der Präambel des Grundgesetzes. Sie befürworten die Annahme solcher Maximalforderungen Honekkers, die die Teilung Deutschlands für alle Zeiten zementieren sollen: die Beseitigung einer gemeinsamen deutschen Staatsangehörigkeit oder die Anpassung der deutsch-deutschen Beziehungen an das Modell des Verhältnisses zwischen zwei einander fremden Staaten, die nur auf der Grundlage des Völkerrechts miteinander verkehren.

Dieses alles wird nicht nur deswegen gefordert, weil die Wiedervereinigung in der gegenwärtigen Weltlage praktisch keinerlei Aussicht hat, verwirklicht zu werden, sondern aus grundsätzlichen, vorwiegend ideologisch motivierten Gründen: weil die Teilung dem Frieden und der Entspannung diene; weil sie von allen unseren Nachbarn gewünscht werde und nur auf dieser Basis ein gedeihliches Zusammenleben mit ihnen möglich sei; weil der deutsche Nationalstaat überhaupt ein – relativ kurzfristiger – Irrweg der deutschen Geschichte gewesen sei und die Deutschen besser in einer Mehrzahl von Staaten von bescheidener Statur aufgehoben seien.

Vorwürfe und Anklagen im Geiste Gustav Heinemanns

Zur gleichen Zeit brandet eine neue Woge von Vorwürfen und Anklagen gegen Konrad Adenauer heran, weil er die angebliche Wiedervereinigungschance sabotiert habe, die in der Stalin-Note vom 10. März 1952 enthalten gewesen sei. Wie er überhaupt »die

Wiedervereinigung mit allen Mitteln hintertrieben« habe (so, ganz im Geiste Heinemanns, das »Deutsche Allgemeine Sonntagsblatt« vom 16. März 1986), »weil er sie nicht gewollt« habe: Ein deutscher Staatsmann also, der mit den härtesten, vielfach emotionsgeladenen Vorwürfen bedacht wird, weil er angeblich die Verfolgung eines Zieles verweigert hat, das die Ankläger selbst nicht für wünschenswert halten.

Ein britisches Dokument von 1955 über Adenauers Haltung zur Wiedervereinigung

Hat Adenauer die Wiedervereinigung »hintertrieben«? Als neuer Beweis für diese seit 30 Jahren wiederholte These wird jetzt ein Dokument präsentiert, das nach Ablauf der dreißigjährigen Sperrfrist – zusammen mit anderen, die fünfziger Jahre betreffenden Akten – aus den Archiven des Londoner Foreign Office aufgetaucht ist und das den alten Behauptungen neue Nahrung geben soll.

In der gleichen, oben genannten Ausgabe des »Sonntagsblattes« hat Josef Foschepoth, zuletzt Leiter des Forschungsbereiches »Nachkriegsgeschichte« am Deutschen Historischen Institut in London, dieses Dokument kommentiert und mit dem Urteil versehen, es lasse sich nunmehr schwarz auf weiß in den Akten des britischen Staatsarchivs in London nachlesen, daß Adenauer »mit einer Wiedervereinigung Deutschlands nichts im Sinne gehabt« habe. Durch seinen Botschafter in London, Hans v. Herwarth, habe er am 15. Dezember 1955 dem ranghöchsten Beamten des Foreign Office, Sir Ivone Kirkpatrick (dem früheren Hochkommissar in Deutschland) mitteilen lassen:

Selbst wenn im Zusammenhang mit dem Abschluß eines Sicherheitsvertrages, wie dies die Sowjets wünschten, eine Wiedervereinigung Deutschlands aufgrund freier Wahlen möglich und innen und außen gesichert sei, sei er dagegen. »Der entscheidende Grund sei, daß Dr. Adenauer kein Vertrauen in das deutsche Volk habe. Er sei äußerst besorgt, daß sich eine künftige deutsche Regierung, wenn er von der politischen Bühne abgetreten sei, zu

Lasten Deutschlands mit Rußland verständigen könnte. Folglich sei er der Meinung, daß die Integration Westdeutschlands in den Westen wichtiger als die Wiedervereinigung Deutschlands sei.«

Foschepoth zitiert aus einem Text, dessen vollständiger Wortlaut dem Leser nicht mitgeteilt wird, so daß er den Zusammenhang nicht nachprüfen kann. Das ist immer eine fragwürdige Sache. Auf welchen konkreten Sachverhalt bezieht sich Herwarths Mitteilung über Adenauers Stellungnahme? Eine präzise Auskunft darüber kann man einem anderen, von Foschepoth nicht erwähnten Dokument entnehmen, nämlich dem Bericht des Botschafters v. Herwarth an das Auswärtige Amt vom 24. November 1955 über sein erstes Gespräch mit Sir Ivone Kirkpatrick nach dessen Rückkehr von der Genfer Außenministerkonferenz. In diesem Gespräch hatte Sir Ivone einige persönliche, das heißt von seiner Regierung nicht abgesegnete Gedanken entwickelt, wie man jetzt, das heißt nach dem fruchtlosen Ausgang der Konferenz, weiter vorgehen solle.

Diese Gedanken Kirkpatricks deckten sich nicht mit den amerikanischen Vorstellungen: Sie liefen darauf hinaus, daß der Westen im Falle der Annahme des Prinzips freier Wahlen und voller Selbstbestimmung eines wiedervereinigten Deutschlands über seine Innen- und Außenpolitik seine Bereitschaft erklären solle, jeden Sicherheitsvertrag, der von der Sowjetunion ausgearbeitet werden würde, zu unterschreiben. Er habe den Eindruck, schrieb der Botschafter dazu, daß die britische Regierung eine Initiative im Sinne der von Sir Ivone entwickelten Gedanken keinesfalls selbst ergreifen, sondern der Bundesregierung überlassen werde. Soviel zum Hintergrund.

Adenauers Absicht: Abwehr eines Neutralisierungskonzepts und einer »Marcos-Wahl«

Herwarths Mitteilung vom 15. Dezember war dazu die vom Foreign Office gewünschte Stellungnahme Adenauers. Sie war eine konkrete Antwort auf eine konkrete Frage, eingebettet in Überlegungen verhandlungstaktischer und bündnispolitischer (besonders die amerikanische Haltung betreffender) Natur. Nicht die Wiedervereinigung als solche war ihr Gegenstand, sondern ihre Verknüpfung mit der Frage eines europäischen Sicherheitssystems und ihre Plazierung in der westlichen Verhandlungsstrategie. Keinesfalls handelte es sich um ein allgemeines Glaubensbekenntnis für oder gegen die Wiedervereinigung.

Botschafter v. Herwarth versichert mir, daß die darauf bezogenen Sätze in der Aufzeichnung Kirkpatricks die von ihm weisungsgemäß vorgetragenen Bedenken Adenauers verkürzt und daher irreführend formulierten. Nicht die Entscheidungsfreiheit eines wiedervereinigten Deutschlands sei ihr Gegenstand gewesen, sondern die in einigen britischen Kreisen damit verknüpften sicherheitspolitischen Vorstellungen. Am gleichen Tage, an dem die Weisung an Herwarth nach London abging, hatte Adenauer von seinem Pariser Botschafter (v. Maltzan) einen Bericht über Äußerungen des Feldmarschalls Montgomery (damals Stellvertreter des NATO-Oberbefehlshabers) erhalten, in dem dieser ein wiedervereinigtes Deutschland außerhalb der NATO, ohne amerikanische Bodentruppen und ohne einen deutschen militärischen Bündnisbeitrag, als vertretbar bezeichnet hatte. Solche, dem Neutralisierungskonzept nahekommenden und von der britischen Regierung in den vorausgegangenen Jahren stets verworfenen Vorstellungen witterte Adenauer auch hinter Kirkpatricks Worten. Ebenso wehrte er sich dagegen, daß manche für bare Münze nahmen, was man in Moskau »freie Wahlen« nannte und was man mit einem Vergleich aus unseren Tagen »Marcos-Wahlen« nennen könnte.

Den Bericht Kirkpatricks über die Mitteilungen Adenauers zitiert auch Marion Gräfin Dönhoff in einem Artikel der »Zeit« vom 21. März 1986, in dem sie seinen Inhalt mit den bekannten Thesen über das angebliche Versäumnis Adenauers verbindet, die in der Stalin-Note enthaltenen Chancen zu nutzen – oder sie zumindest in neuen Verhandlungen mit Moskau »auszuloten«, wobei sie Adenauers Motive mit den Worten kennzeichnet, daß er »in seinem Preußenhaß entschlossen gewesen sei, eine Wiederbelebung der traditionell dominierenden Stellung Preußens für immer zu verhindern« und dafür zu sorgen, daß Berlin nie wieder Hauptstadt werden dürfe.

Adenauers Gegner sind nun allerdings die letzten, die eine dominierende Stellung Preußens wiederbeleben möchten. Aber das hindert sie nicht daran, entsprechende Abneigungen Adenauers anzuprangern. Was sein mangelndes Vertrauen in die politische Vernunft des deutschen Volkes und künftiger deutscher Regierungen anlangt, so sollte man annehmen, daß solche Gefühle jenen nicht fremd sein können, die die Furcht anderer europäischer Völker vor einem wiedervereinigten Deutschland und der von ihm ausgehenden Friedensbedrohung teilen.

Über Stalins Absichten könnten nur Moskaus Archive Aufschluß geben

Aus den im vergangenen Jahr freigewordenen britischen Akten, zusammen mit schon früher zugänglich gewordenen amerikanischen, hat Rolf Steininger, als Politologe früher in Hannover, seit einem Jahr in Innsbruck lehrend, vor Jahresfrist eine Auswahl publiziert und mit einer Einleitung versehen, die gleichzeitig gesondert als Taschenbuch erschienen ist.

Die meisten Thesen dieser Einleitung konnte man allerdings schon vor dem Bekanntwerden der britischen Akten im zweiten Band seiner 1983 erschienenen »Deutschen Geschichte 1945–1961« lesen. Sie werden uns jetzt zum dritten Mal vorgelegt. Während die Dokumentensammlung – die als solche wertvoll und nützlich ist – unter dem Titel »Eine Chance zur Wiedervereinigung?« (Verlag Neue Gesellschaft, Bonn 1985) veröffentlicht wurde, lautete der Titel des Taschenbuches: »Eine vertane Chance. Die Stalin-Note vom 10. März 1952 und die Wiedervereinigung.« Eine Erklärung, woher der Autor die in der Streichung des Fragezeichens zum Ausdruck kommende neue Gewißheit geschöpft hat, findet sich nirgends. Sein Anspruch, ein besonders kontroverses, schwieriges und wichtiges Kapitel der deutschen Nachkriegsgeschichte weg von der bisher üblichen Spekulation auf eine solide Grundlage gestellt zu haben, gerät schon damit ins Wanken. – Die amerikanischen und britischen Dokumente haben, bei Lichte besehen, nichts grundlegend Neues zur Frage der Stalin-Note zutage gefördert – nichts jedenfalls, was man nicht ohne dokumentarischen Nachweis schon längst vermutet hätte. Wirklich Neues wäre nur aus Moskauer Archiven zu erwarten – aber die dort ruhenden Dokumente hat niemand zu sehen bekommen; ob und wann sie jemals zur Verfügung stehen werden, steht in den Sternen. Daher kann man selbst in einem Magazin, das Adenauer und seine Politik von jeher so kritisch gegenübergestanden hat wie der »Spiegel« (4/1986) über die Steiningerschen Forschungsergebnisse lesen: »Es darf weiter spekuliert werden.« Ob die Stalin-Note eine Finte war? »Kann sein – oder auch nicht.«

Jedenfalls kann ein Historiker, der mit Nachdruck Anspruch auf »Solidität« erhebt, die unverändert weiterbestehenden Zweifel über die Absichten, die Motive und die Ernsthaftigkeit der Angebote Stalins nicht außer acht lassen und sie mit der nicht weiter begründeten Tilgung eines Fragezeichens auszulöschen suchen. Es sind noch manche anderen Einwände gegen die Verläßlichkeit dieser Studie zu erheben.

Ein Beispiel: Eine mit großem Nachdruck präsentierte und zum Ausgangspunkt weitreichender Folgerungen gemachte angebliche Äußerung Stalins gegenüber dem italienischen Sozialisten-Chef Pietro Nenni vom Juli 1952 über seine ernsthafte Bereitschaft, das kommunistische Regime in Mitteldeutschland zu opfern, wenn der Westen seinen Neutralisierungsvorschlag annehmen würde, erweist sich hinsichtlich ihrer Authentizität (auch Steininger hatte keine Erklärung dafür, weshalb sie Nenni in seinen eigenen Memoiren überhaupt nicht erwähnt) als äußerst fragwürdig. Dies hat J. Rupieper in den Vierteljahresheften für Zeitgeschichte, 3/1985, unter Heranziehung weiterer amerikanischer Dokumente dargelegt. Aber nicht nur das: Der Autor muß sich darüber hinaus sagen lassen, daß diese hochgejubelte Äußerung, selbst wenn sie authentisch wäre, ohne jede Beweiskraft ist. Schlagend hält ihm Gert Bucerius (»Die Zeit« vom 29. November

1985) entgegen: »Sollte Stalin etwa sagen, sie (seine Vorschläge) seien nur Bluff gewesen?«

Ein letztes Beispiel: Der damalige Leiter des Deutschlandreferates im Foreign Office, Frank Roberts (später Botschafter in Bonn) soll dem Autor noch jüngst in einer Unterredung versichert haben, seiner Meinung nach hätte man ruhig ein bis zwei Jahre mit Moskau verhandeln und beim Scheitern dieser Verhandlungen die Unterzeichnung der Westverträge nachholen können. Wer sowohl die Szene von 1952 wie auch den englischen Geprächspartner kennt, wird Mühe haben, an einen solchen Gesprächsverlauf zu glauben. Und in der Tat: in der »Zeit« vom 28. März 1986 berichtet noch einmal Bucerius, daß Frank Roberts ihm gegenüber bei einer Nachfrage diese Darstellung des Geprächsinhalts rundweg bestritten habe. Rückblickend bewertet dieser die Stalin-Note klipp und klar als »Störmanöver«.

Für die drei Westmächte ebenso wie für Bonn ein unannehmbares Angebot

Eines allerdings wird durch Steininger eindeutig dokumentarisch belegt – wenngleich es keinen aufmerksamen Beobachter der Nachkriegsentwicklung überraschen kann: daß die drei Westmächte ein neutrales Gesamtdeutschland nicht wünschten und seine Bildung nicht zugelassen hätten. Ihre Beurteilung der Stalin-Note schwankte, doch neigten sie zunehmend dazu, sie als einen »ernstgemeinten, aber gefährlichen Versuch, die deutsche Frage zu lösen«, zu bewerten. In diesem Sinne berichtete Frank Roberts am 14. März 1952 über die Beurteilung des Quay d'Orsay – der Eden in seiner Anmerkung zustimmte.

Der Quay d'Orsay, schreibt Marion Dönhoff dazu, der »zunächst sehr ablehnend gewesen war, änderte seine Meinung sehr bald und erklärte, die Note sei viel mehr als ein taktischer Schritt«. Richtiger wäre gewesen, zu sagen: der Quay d'Orsay habe seine Meinung über die mehr als taktische Bedeutung des Angebots bald geändert, sei aber in seiner Entschlossenheit, es abzulehnen, eher noch bestärkt worden.

Wenn dem so war, wenn sich alle drei Westmächte darüber einig waren, daß die Teilung einem neutralen Gesamtdeutschland vorzuziehen sei – was hätte dann die von Steininger und allen Befürwortern des »Auslotens« so nachdrücklich empfohlene Vierer-Konferenz eigentlich erbringen können? Die Westmächte würden sich gehütet haben, den Russen irgendwelche Zusicherungen zu entlocken, die das Neutralisierungsangebot (unterstellen wir einmal trotz aller Zweifel, daß es mehr als nur eine taktische Finte zur Verhinderung oder Verzögerung des Vertragsabschlusses mit dem Westen war) für die Deutschen noch attraktiver gemacht hätte. Und denjenigen gegenüber, die außerhalb des Konferenz-Saales auf die Ergebnisse des »Auslotens« warteten, hätten sie kaum ein günstiges Bild von der Seriosität und den Vorzügen des sowjetischen Angebots entworfen.

Die Russen andererseits hätten sich viel Zeit gelassen, ihre Vorschläge zu erläutern. Sie haben in der Nachkriegsperiode häufig genug bewiesen, daß sie es meisterhaft verstehen, Konferenzen über Wochen und Monate zu verschleppen und vieldeutige Erklärungen mit anderen, ebenso vieldeutigen, zu erläutern. Derweilen wären (während das Besatzungsregime fortdauerte) die Vertragsverhandlungen mit dem Westen zum Stillstand gekommen, und ob sie danach wieder aufgenommen worden wären, ist höchst zweifelhaft und eher unwahrscheinlich.

Dieses alles hätte man riskieren sollen wegen eines Angebotes, das selbst dann, wenn man jedes Wort für bare Münze genommen hätte und hätte nehmen dürfen, unannehmbar gewesen wäre – und zwar nicht nur für die Westmächte, sondern ebenso für die Bundesrepublik, in der die Regierung, Opposition und sämtliche im Bundestag vertretenen Parteien im Jahre 1952 (ebenso wie – mit Ausnahme der Grünen – noch heute) ein neutralisiertes Deutschland ablehnten?

Die Moskau-Reise von 1955 – ein Mißerfolg?

Die Kette der Beispiele für diese seltsamen Bewußtseinsspaltungen bei der Erörterung der deutschen Frage ist noch lange nicht zu

Ende. Nur ein weiteres Beispiel sei noch erwähnt, weil es von Foschepoth in einem zweiten Artikel im »Sonntagsblatt« (vom 23. März 1986) als weiteres Glied in seiner Beweiskette für Adenauers Unwilligkeit, die Wiedervereinigung aktiv in seine Politik einzubeziehen, aufgeführt wird: die Moskau-Reise vom September 1955.

Der Artikel beginnt mit der Feststellung, man habe sich in Kreisen um den Kanzler (genannt werden Hallstein, Blankenhorn, Grewe, Globke, Brentano) keiner Illusion hingegeben, daß die Reise nach Moskau in der deutschen Frage irgendwelche Fortschritte hätte erbringen können. Das klingt so, als ob der Kanzler selbst solchen Illusionen gehuldigt hätte – was bei seiner eben noch von Foschepoth behaupteten Widerwilligkeit in dieser Frage seltsam gewesen wäre und wovon denn auch keine Rede sein kann. Gleichwohl wird ihm am Schluß dieses Artikels vorgeworfen, daß er die Frage der Wiedervereinigung nicht stärker »im Verhandlungspoker eingesetzt« habe.

Warum er das unterlassen habe? Weil er die Wiedervereinigung »im Grunde seines Herzens gar nicht wollte«. Die Reise war, diesen Eindruck sucht der Artikel zu erwecken, ein völliger Fehlschlag gewesen. »Deprimiert und enttäuscht« habe die deutsche Delegation Moskau verlassen. Zum Beweis werden einige ausländische Schlagzeilen angeführt, die eine »demütigende Niederlage für Adenauer« erkennen wollten. Nur die innenpolitische Szene und die deutsche Presse sei von dem Erfolg in der Kriegsgefangenenfrage beherrscht worden. Aber die »Freiheit der Zehntausend habe nur die Knechtschaft der 17 Millionen besiegelt«. Um des innenpolitischen Erfolgs willen, so Foschepoth weiter, habe sich der Kanzler über die grundsätzlichen Bedenken der meisten seiner Berater hinweggesetzt. Die Lösung der deutschen Frage sei »nun endgültig in weite Ferne gerückt« und der Status quo in Europa, wenn auch nicht de jure, so doch de facto anerkannt worden.

Wo soll man mit den Richtigstellungen beginnen? Die Moskauer Delegation umfaßte 18 Personen. Bei der Beratung über die Annahme oder die Ablehnung der Vorschläge Bulganins haben drei der Anwesenden Bedenken geltend gemacht. Ich war einer dieser drei. Meine Bedenken waren nicht grundsätzlicher, sondern rein verhandlungstaktischer Natur: Ich plädierte dafür, sich nicht mit dem mündlichen Versprechen der Kriegsgefangenenbefreiung zu begnügen, sondern auf schriftlicher Festlegung zu bestehen und entsprechend weiterzuverhandeln. Indessen hat Adenauer, dem Foschepoth auch in diesem Punkte mangelnde Härte ankreidet, recht behalten: die Russen haben ihr Versprechen voll honoriert.

Die diplomatischen Beziehungen hat Adenauer nicht weniger gewünscht als Moskau. Erstaunlich nur, daß ihm das ausgerechnet von den Befürwortern der späteren Ostpolitik zur Last gelegt wird. »Gemessen an der reinen Lehre« sei der Preis beträchtlich gewesen, heißt es bei Foschepoth. Aber Adenauer war der letzte, der sich von einer reinen Lehre leiten ließ. Er war ein pragmatischer Politiker, und die Kriegsgefangenen und die diplomatischen Beziehungen waren ihm eine Messe wert.

Einen Mißerfolg konnte nur konstatieren, wer geglaubt hatte, man sei in der Hoffnung nach Moskau gefahren, in der deutschen Frage Fortschritte erzielen zu können. Fortschritte waren jedoch nur im Zusammenwirken aller vier Besatzungsmächte möglich. Die Bonner Politik hat sich stets gehütet, die deutsche Frage auf das Gleis bilateraler Verhandlungen mit Moskau zu schieben, in dem eine neue Außenminister-Konferenz der Vier in Genf (schon im Oktober) bevorstand.

Deswegen hatte sich kein Verantwortlicher in der Regierung der Hoffnung hingegeben, man könne in Moskau in dieser Frage etwas bewegen. Man wollte die deutsche Frage offenhalten, und das ist durch Vorbehalte und einen entsprechenden Satz des Kommuniqués erreicht worden. Es gab daher keinen Anlaß, enttäuscht oder deprimiert zu sein. Die »Versklavung von 17 Millionen« sei besiegelt worden? Sie ist – wenn man sich dieses Sprachgebrauchs bedienen will, den die Anhänger des »Wandels durch Annäherung« sonst ängstlich zu vermeiden trachten – durch Potsdam, durch die Gründung der SED, durch die Folgen des 17. Juni 1953 und durch den Mauerbau besiegelt worden. Die Verhandlungen vom September 1955 waren nur auf dem Boden des Status quo möglich. Anerkannt worden ist er erst durch den Moskauer Vertrag von 1970.

Die Mehrheit des Volkes wollte nichts anderes hören

Hat Adenauer die Wiedervereinigung mit allen Mitteln »hintertrieben«?

Niemand bezweifelt, daß er sie in überschaubaren Zeiträumen nicht für erreichbar gehalten hat und daß er sich daher darauf konzentrierte, die Freiheit der Bundesrepublik zu sichern und sie fest mit dem Westen zu verbinden. Kein Zweifel auch, daß er keine Wiedervereinigung wollte, wenn sie nur um den Preis der Neutralisierung Gesamtdeutschlands und einer Gefährdung der Freiheit und der demokratischen Staats- und Gesellschaftsordnung in Westdeutschland zu haben war.

Alles andere ist Spekulation – so auch meine persönliche Vermutung, daß Adenauer entschlossen war, die deutsche Frage für eine fernere Zukunft offenzuhalten. Berechtigt ist die Kritik an der Diskrepanz zwischen seiner skeptischen Beurteilung des politisch Möglichen und seinen verbalen Bekenntnissen zur Wiedervereinigung, soweit er sie mit – meist recht fragwürdigen – Vorhersagen über Mittel, Wege und Zeitpunkt ihrer Verwirklichung ausschmückte.

Wer diese Diskrepanz kritisiert (auch unter seinen engeren Mitarbeitern gab es in diesem Punkte Kritiker), darf allerdings nicht außer acht lassen, daß die große Mehrheit des deutschen Volkes damals nichts anderes hören wollte – und das Adenauer von seinen innenpolitischen Gegnern nicht deswegen angegriffen wurde, weil er dem deutschen Volk nicht reinen Wein einschenkte, sondern weil er das – auch in ihrem öffentlichen Sprachgebrauch als tabu geltende – Ziel der Wiedervereinigung nicht energisch genug verfolgt habe.

11. Die »vertane Chance« war nur eine Chimäre

Eine Replik in der Diskussion über die Stalin-Note

– 1986 –

Seit mehr als drei Jahrzehnten beschäftigen sich Publizistik und Wissenschaft in unserem Lande periodisch immer wieder mit der Frage, ob Stalins Note an die drei Westmächte vom 10. März 1952 eine Chance für die deutsche Wiedervereinigung enthalten habe, die nicht genutzt worden sei, und die Konrad Adenauer nicht einmal ernsthaft erkundet und geprüft habe. Dies ist ihm erstmals 1958 in einer der erbittertsten Auseinandersetzungen, die der Deutsche Bundestag je erlebt hat, von Thomas Dehler, dem damaligen Parteiführer der Liberalen, und Gustav Heinemann, dem zur SPD übergetretenen ehemaligen Vorsitzenden der eingegangenen »Gesamtdeutschen Volkspartei«, in geradezu haßerfüllten Anklagereden vorgehalten worden. Seitdem kommt dieses Thema nicht zur Ruhe.

Vor einigen Jahren habe ich mich aus Anlaß des 30. Jahrestages des Noteneingangs und anknüpfend an bis dahin erschienene neuere Publikationen, mit einigen der gängigen Argumente in dieser Debatte auseinandergesetzt. (»Ein zählebiger Mythos«, FAZ Nr. 58 vom 10. März 1982; oben Kap. 3). Was die schon damals freigegebenen und von deutschen Historikern eingesehenen amerikanischen Akten anlangt, so kam ich damals ebenso wie die meisten Zeitgeschichtsforscher zu dem Ergebnis: »Neue Tatsachen oder neue Erkenntnisse von größerer Tragweite sind schon seit langem weder von den Zeitzeugen noch von den Historikern zutage gefördert worden. Auch die Archive von Washington waren wenig ergiebig.«

Neuerdings ist die Diskussion dadurch wieder belebt worden, daß durch den Ablauf der 30jährigen Sperrfrist englische und weitere amerikanische Akten zur Einsichtnahme freigeworden und von deutschen Zeithistorikern durchgeprüft worden sind. Das Ergebnis ist das Gleiche: Im Westen nichts Neues.

Mit den hierzu von Rolf Steininger publizierten Dokumenten und Thesen habe ich mich in einem (in der »Welt« vom 7. April 1986 veröffentlichten) Artikel über »Deutsche Bewußtseinsspaltungen« auseinandergesetzt (oben Kap. 10).

In seiner am 6. Mai dieses Jahres in der »Welt« veröffentlichten Antwort (unter der Überschrift »Mit jedem Schritt Adenauers wurde der Spielraum enger«) hat Steininger drei Fragen in den Mittelpunkt gestellt:

»1. Wie steht es mit der ›Ernsthaftigkeit‹ des sowjetischen Angebots?

2. Von welchen Vorstellungen, Zielen und Kalkülen haben sich die Westmächte leiten lassen?

3. Welche Rolle hat Adenauer bei der Notenpolitik der Westmächte tatsächlich gespielt, wobei diese Frage zum Kern des Gesamtproblems führt, nämlich wie hat es Adenauer damals tatsächlich mit der Wiedervereinigung gehalten?«

Bei der Erörterung der ersten Frage beruft sich Steininger nach wie vor auf die angebliche Stalinäußerung gegenüber Nenni, schwächt aber das Gewicht dieses Arguments selbst ab, indem er es als »ein Indiz, das *mit* Aufschluß über Stalins Intentionen gibt«, bezeichnet.

Bei der Beantwortung der zweiten Frage legt er – gestützt auf einige Zitate aus amerikanischen und britischen Dokumenten – das Schwergewicht darauf, daß die »Westmächte an einer Wiedervereinigung überhaupt nicht interessiert waren«, daß es ihnen nur darum ging, »ein deutsch-russisches Zusammengehen zu verhindern«. Adenauer sei für die Durchsetzung einer solchen Politik der denkbar beste Kanzler gewesen.

Bei der dritten Frage wird für Steininger »die Sache nun wirklich spannend und erklärt die Aufgeregtheit der Adenauer-Anhänger«: »Die Akten zeigen nicht nur einen Adenauer, der gegen ein wiedervereintes, neutrales, blockfreies, aber bewaffnetes Deutschland war . . . er war auch gegen ein auf der Grundlage freier, gesamtdeutscher Wahlen zustande gekommenes Deutschland, das innen- und außenpolitisch völlige Handlungsfreiheit gehabt hätte . . . Die Westbindung war für ihn wichtiger als selbst ein solches Deutschland.« Man sucht jedoch in den von Steininger publizierten Akten vergeblich nach Belegen für diese Behauptungen. Sie sind auch schlicht falsch.

Zur Verdeutlichung seines Adenauer-Bildes korrigiert Steininger die »Erinnerungen« des Kanzlers, soweit sie den Verlauf der Begegnung mit den Hohen Kommissaren am 11. März 1952 betreffen, und versucht den Eindruck zu erwecken, daß Adenauer als erster Sprecher auf dieser Sitzung die Hohen Kommissare zu ihrer negativen Bewertung der Stalin-Note gedrängt habe. Dieser Eindruck ist falsch und entspricht nicht dem wirklichen Ablauf der Sitzung.

Daß Adenauer der Hauptverantwortliche für das Nichtzustandekommen einer Vierer-Konferenz im damaligen Zeitpunkt gewesen sei, will Steininger insbesondere auch anhand einer Initiative des damaligen US-Außenministers Dean Acheson vom Ende April 1952 beweisen: dessen dem Kanzler übermittelter Vorschlag, auf der Ebene der Hohen Kommissare Gespräche mit den Sowjets in Berlin zu führen, sei von diesem nach einer Bedenkzeit von »einem ganzen Tag und einer halben Nacht« glatt abgelehnt worden. Richtig; aber mit guten Gründen abgelehnt worden.

Die Ernsthaftigkeit der Absichten Stalins bleibt zweifelhaft

Welche Bilanz soll man aus diesem Stand der Kontroverse ziehen? Alle Bemühungen, die Auseinandersetzung auf die wirklich entscheidenden Fragen zu lenken, sind erfolglos geblieben. Steiningers Antwort stellt erneut drei Fragen in den Vordergrund, die im Kern gar nicht strittig sind, und er läßt andere unbeantwortet, auf die es ankommt:

1. Die Frage der sogenannten »Ernsthaftigkeit« des sowjetischen Angebots: Es ist nach wie vor zweifelhaft, ob Stalin ernsthaft bereit war, über ein neutralisiertes, seine innere Ordnung selbst bestimmendes Gesamtdeutschland zu verhandeln, oder ob er nur darauf abzielte, den Abschluß der Westverträge zu verhindern. Da dies nicht ohne Kenntnis der sowjetischen Akten zu klären ist und diese Akten vorerst verschlossen bleiben, ist es wenig sinnvoll, sich in Spekulationen über diese Zweifelsfrage zu verbeißen. Man sollte sie einstweilen ausklammern und die Diskussion auf der Grundlage der Annahme führen, daß es sich um ein ernsthaftes Angebot gehandelt habe. Das habe ich schon mehrfach vorgeschlagen. Man brauchte sich also darüber nicht zu streiten.

Es bedürfte also eigentlich keines neuen Eingehens auf die von Steininger abermals vorgebrachten Argumente für die Ernsthaftigkeit des Stalinschen Verhandlungswillens. Nur deshalb ist auf eines dieser Argumente noch einmal zurückzukommen, weil es eine Methodik des Argumentierens beleuchtet, die man nicht unbeanstandet lassen kann. Steininger beruft sich immer wieder auf die angebliche Äußerung Stalins zu dem italienischen Sozialisten-Chef Pietro Nenni aus dem Juli 1952 über seine ernsthafte Bereitschaft, das kommunistische Regime in Mitteldeutschland zu opfern, wenn der Westen seinen Neutralisierungsvorschlag annehmen würde. Die Authentizität dieser Äußerung ist mehr als fragwürdig. Sie gelangte auf seltsamen Umwegen und in sehr verschiedenartigen Versionen in den Westen und wurde von Nenni selbst in seinen später veröffentlichten Memoiren überhaupt nicht erwähnt. Darauf ist schon von mehreren Seiten hingewiesen worden.

Darüber hinaus ist Steininger schon mehrfach entgegengehalten worden, daß diese hochgespielte Äußerung, selbst wenn sie authentisch wäre, ohne jede Beweiskraft ist, weil man vernünftigerweise nicht annehmen kann, daß Stalin einem Gesprächspartner wie Nenni gegenüber einen Bluff (wenn denn die März-Note einen solchen darstellte) jemals zugegeben hätte. Steininger scheint diesen Einwand überhaupt nicht zu verstehen oder nicht verstehen zu wollen; er beklagt sich darüber, daß ich seine Argumente zur Rettung seiner Beweisführung für die Authentizität der Stalin-Nenni-Äußerung pauschal für »nicht beweiskräftig« erklärt hätte. Aber meine Feststellung mangelnder Beweiskraft bezog sich gar nicht auf seine Argumentenkette, sondern auf die Irrelevanz dessen, was sie beweisen sollte. Wie soll man eine seriöse Diskussion führen, wenn solche Fragen nicht auseinandergehalten werden?

Es lohnt sich nicht, die einzelnen Argumente für oder gegen die Echtheit des Nenni-Berichts Punkt für Punkt zu widerlegen. Es fällt schwer, das Argumentieren mit einem so fragwürdigen Sachverhalt ernst zu nehmen.

Da Steininger mir jedoch unterstellt, ich hätte einen entscheidenden Satz aus dem Telegramm des amerikanischen Botschafters in Moskau, George Kennan, vom 25. Juli 1952 über die Nenni-Affäre »unterschlagen«, soll auf diesen Satz noch eingegangen und dargelegt werden, weshalb ich ihn für irrelevant gehalten habe. Er lautet: »Mein Informant sagt, Nenni habe ihm auch mitgeteilt, daß er vor einiger Zeit (ich nehme an, vor einigen Monaten) mit Pieck und Grotewohl gesprochen habe, die ihm damals gesagt hätten, daß die sowjetische Regierung eine Politik verfolge, die große Opfer von ihnen verlangen werde und daß sie schon bald in Deutschland in eine Situation gebracht werden könnten, die mit jener Nennis in Italien vergleichbar sei.«

Was läßt sich daraus folgern? Wenn es handfeste Beweise für die Absichten Stalins gegeben hätte, das SED-Regimes gegebenenfalls zu opfern, ließen sich die Befürchtungen Piecks und Grotewohls allenfalls als zusätzliche Illustrierung zu solchen Beweisen diskutieren. Ohne solche Hauptpfeiler der Beweisführung sind sie nicht tragfähig. Sie legen dann nur die Schlußfolgerung nahe, daß die deutschen Genossen im März 1952 in bezug auf die Absichten Stalins genau so im dunkeln tappten wie alle Beobachter im Westen auch, und daß sie daher die schwärzesten Befürchtungen hegten. Das ist alles.

2. Steiningers zweite Hauptfrage, von welchen Vorstellungen, Zielen und Kalkülen die Westmächte sich hätten leiten lassen, ist wiederum eine Frage, die in diesem Zusammenhang gar nicht strittig ist.

Unser Wissen über die Vorstellungen und Ziele der Westmächte zum Thema Wiedervereinigung und Neutralisierung ist durch die von Steininger publizierten britischen und amerikanischen Akten zwar nuanciert und detailliert, aber nicht grundlegend verändert oder erweitert worden. Um zu wissen, daß die Westmächte an der Wiedervereinigung nicht interessiert waren, bedurfte es wahrlich keiner neuen Aktenpublikation. Die Formulierungen des Deutschland-Vertrages, die sie auf eine gemeinsame Politik der Wiedervereinigung festlegten, sind ihnen mühsam genug abgerungen worden. Also waren sie, mit Steininger, »lediglich Lippenbekenntnisse, nicht mehr als diplomatische Pflichtübungen«?

Offenbar fehlt es dem Kritiker an Differenzierungsvermögen. Natürlich gibt es, in der Diplomatie wie auch sonst, bloße Lippenbekenntnisse, rein rhetorische Deklamationen, die rasch vom Winde verweht werden. Auf der anderen Seite gibt es vertragliche Zusagen, die mit dem besten Willen zu voller Honorierung gegeben werden. Zwischen diesen beiden Polen gibt es eine dritte Kategorie von vertraglichen Versprechungen, bei denen man weiß, daß sich der Versprechende nicht in Unkosten stürzen wird, die der Versprechensempfänger aber gleichwohl für nützlich hält, weil sie ihm selbst Handlungsspielraum geben und den Partner festlegen. Eben darum handelte es sich beim Deutschland-Vertrag.

Adenauers Rolle in der westlichen Notenpolitik

3. Steiningers letzte Frage betrifft die Rolle, die Adenauer in der Notenpolitik der Westmächte gespielt hat. Auch darüber gibt es eigentlich keine Meinungsverschiedenheit: Er hat jede Diskussion

über die Eröffnung einer neuen Verhandlungsrunde mit Moskau kurz entschlossen abgewürgt. Das habe ich in der Besprechung mit den Hohen Kommissaren am 11. März 1952 selbst miterlebt und mehrfach bezeugt. Nach wie vor halte ich es nicht für entscheidend, wer zuerst was gesagt hat. Aber da Steininger darauf insistiert, daß es Adenauer gewesen sei, der sich zuerst gegen Verhandlungen auf der Grundlage der Stalin-Note ausgesprochen habe, muß man ihn auf das Dokument Nr. 10 seiner eigenen Publikation hinweisen, das den Bericht von Sir Ivone Kirkpatrick vom 12. März an das Foreign Office über den Verlauf der Sitzung wiedergibt. Übereinstimmend mit meiner Schilderung des Sitzungsverlaufs in meinem Buch »Rückblenden« (1979, S. 150) berichtet Kirkpatrick über die Eröffnung der Sitzung durch François-Poncet (als derzeitigem Vorsitzenden der Alliierten Hohen Kommission) mit der Feststellung, daß die Russen immer dann eine Konferenz vorschlügen, wenn sie eine für sie ungünstige Entwicklung aufhalten und einen Stillstand erreichen möchten. Die Westmächte und die Bundesrepublik sollten an ihrer These festhalten, daß freie gesamtdeutsche Wahlen der erste Schritt zur deutschen Einheit und zu einem Friedensvertrag und der Prüfstein für die Aufrichtigkeit der sowjetischen Absichten sein müßten. Mit anderen Worten: er bewertete die Note als bloßes Störmanöver (ein Urteil, das der Quai d'Orsay zunächst teilte, später aber korrigierte) und empfahl die Fortsetzung der bis dahin verfolgten Politik. Das war eine klare Ablehnung von Verhandlungen mit Moskau über ein neutralisiertes Deutschland, jedenfalls für die damalige Situation im Frühjahr 1952. Erst danach kam Adenauers Stellungnahme. Würde ich Steiningers Sprachgebrauch folgen, so müßte ich sagen: er habe diesen Bericht »unterschlagen«. Aber wozu Sticheleien?

Adenauers Rolle bei diesen Vorgängen im Frühjahr 1952 ist völlig klar und konsequent. Strittig kann höchstens ihre Bewertung sein, und dafür ist – soweit es sich um eine Bewertung aus deutscher Sicht handelt – aus den britischen und amerikanischen Akten nicht viel zu gewinnen. Auf jeden Fall läßt sich aus den Entscheidungen in dieser konkreten, mit vielen taktischen, innen-

und außenpolitischen Faktoren behafteten Situation keine Antwort auf die von Steininger damit verquickte allumfassende Gretchenfrage ableiten, »wie er es tatsächlich mit der Wiedervereinigung gehalten« habe.

Wer sollte was »ausloten«?

Wenn demnach die drei von Steininger in den Vordergrund gerückten Fragen gar nicht die eigentlich strittigen waren, vermißt man um so mehr, daß die entscheidenden Fragen nur sehr fragmentarisch oder gar nicht beantwortet werden, nämlich:

1. Was sollte eigentlich »ausgelotet« werden, wenn doch alle westlichen Beteiligten darin übereinstimmten, daß sie kein neutralisiertes Gesamtdeutschland wollten (was für alle deutschen Parteien galt und nur von einigen unbedeutenden Randgruppen angefochten wurde)? Glaubt man, daß Stalin auf einer Viererkonferenz noch ein ganz anderes Konzept herausgerückt hätte? Glaubt Steininger (er glaubt es offenbar, obwohl er sich nicht offen dazu bekennt), daß ein Land in der geopolitischen Lage Deutschlands, mit seinem Bevölkerungs-, Wirtschafts- und technologischem Potential, mitten zwischen Ost und West, seine Unabhängigkeit und Neutralisierung hätte bewahren können? Oder gar, daß die von Stalin großzügig konzedierten »nationalen Streitkräfte« in der Lage gewesen wären, in Krisenzeiten Übergriffe der einen oder der anderen Supermacht abzuwehren? Ganz abgesehen von der von Steininger ironisierten Gefahr der inneren »Sowjetisierung«?

2. Wie sollte das »Ausloten« vor sich gehen, solange die noch unter Besatzungsrecht stehende, über keine außenpolitische Handlungsfreiheit und keinen vollen diplomatischen Apparat verfügende Bundesregierung (die auch gar nicht Adressat der Note war), nicht daran denken konnte, selbst mit Moskau in Verbindung zu treten, also nur eine neue Vierer-Konferenz (ohne unsere Beteiligung) in Frage kam, deren Sterilität man bereits aus mehrfachen abschreckenden Beispielen kannte und deren Dauer unabsehbar war – wobei die westlichen Konferenzteilnehmer kaum

verfehlt hätten, sich von ihrer Abneigung gegen das Neutralisierungskonzept leiten zu lassen?

3. Wie hätte sichergestellt werden sollen, daß bei einem negativen Ergebnis des »Auslotens« die Verhandlungen über die Westverträge wieder aufgenommen und zum Abschluß gebracht werden konnten – angesichts der Tatsache, daß es bei den drei westlichen Verhandlungspartnern starke innenpolitische Widerstände gab, daß dort Wahlen bevorstanden (in den USA) und Regierungswechsel zu erwarten waren (in Frankreich), und das Vertrauen in die Deutschen als Bündnispartner noch äußerst labil war?

Um zu beweisen, daß ein »Ausloten« des Stalinschen Angebots auf einer Vierer-Konferenz der Besatzungsmächte durchaus möglich gewesen sei und im Falle eines negativen Ergebnisses keineswegs zu einer Gefährdung der West-Verträge hätte führen müssen; daß vielmehr auch die Westmächte für den Gedanken einer solchen Vierer-Konferenz empfänglich gewesen seien und darin keine Gefährdung ihrer Verhandlungen mit der Bundesrepublik gesehen hätten; daß es also nur Adenauers starrsinnige Ablehnung einer solchen Konferenz, seine aus einem allgemeinen Mißtrauen in die politische Vernunft der Deutschen geborene Abneigung gegen jede Art von Wiedervereinigung eines nicht voll in den Westen integrierten Gesamtdeutschlands gewesen sei, die ein »Ausloten« des Stalinschen Angebots verhindert habe. Für alles dieses will Steininger in den von ihm publizierten Akten aus London und Washington schlüssige Beweise entdeckt haben.

Die Viererkonferenz im taktischen Kalkül der Westmächte

Die Aufgeschlossenheit der Westmächte für eine Erprobung der sowjetischen Absichten mittels einer Vierer-Konferenz möchte er insbesondere aus einer Aufzeichnung herauslesen, die unmittelbar nach Eingang der Stalin-Note, am 11. März 1952, im Londoner Foreign Office gefertigt wurde. Er macht jedoch von den ihm vorliegenden Texten einen merkwürdig selektiven Gebrauch. Wie es sich von selbst versteht, haben die zuständigen Abteilungs- bzw. Referatsleiter des Foreign Office, W. D. Allen und Frank

Roberts, in ihrer Aufzeichnung vom 11. März 1952 alle denkbaren Optionen für die westliche Reaktion auf die Stalin-Note in Erwägung gezogen; so auch die einer alsbaldigen Vierer-Konferenz »in der Hoffnung, ziemlich rasch zu zeigen, daß eine Einigung nicht zu erreichen ist und damit den Fortgang der Verhandlungen mit der Bundesrepublik zu ermöglichen«. Daran schloß sich sofort der Satz: »Aber ein solcher Kurs wäre offensichtlich gefährlich (›hazardous‹). Es ist höchst unwahrscheinlich, daß die US-Regierung damit einverstanden wäre.« Wie kann man daraus folgern, wie Steininger es tut, daß man »in London« (zwei Beamte auf mittlerer Ebene des Außenministeriums!) die Möglichkeit nicht ausschloß, frühzeitigen Viermächteverhandlugnen zuzustimmen? Richtiger ist der gegenteilige Schluß: man hat die Möglichkeit solcher Verhandlungen erwogen, sie jedoch als gefährlich ausgeschlossen. Diese Folgerung wird auch durch das Protokoll der britischen Kabinettssitzung vom 12. März (Dokument 11 der Steiningerschen Publikation) bestätigt, in der Eden seiner Überzeugung Ausdruck gibt, daß die Westmächte ihre Verhandlungen mit der Bundesregierung fortsetzen sollten.

In einem ihm am 7. Februar 1985 gewährten Interview will Steininger von Sir Frank Roberts erfahren haben, daß auch dieser in der Aufnahme von Vierer-Verhandlungen mit Moskau keineswegs eine Gefährdung der späteren Fortsetzung der Verhandlungen zwischen den Westmächten und der Bundesregierung gesehen habe. Den Wortlaut der Auskünfte des Londoner Gesprächspartners erfahren wir nicht. Wohl aber hat Gerd Bucerius in der »Zeit« vom 28. März 1986 mitgeteilt, daß Frank Roberts bei einer Nachfrage die ihm unterstellte Beurteilung rundweg bestritten habe und daß er im Rückblick die Stalin-Note klipp und klar als ein »Störmanöver« bewertet. Es bleibt unklar, was Steininger im Auge hat, wenn er Bucerius unterstellt, falsch zitiert zu haben. Sicher ist dagegen, daß er selbst die britische Aufzeichnung vom 11. März 1952 falsch interpretiert und daß man befürchten muß, daß er ebenso mit den Auskünften verfahren ist, die ihm Frank Roberts mündlich in London gegeben hat.

Obendrein muß auch hier wieder gesagt werden, daß die ganze

Argumentation im Grunde ins Leere geht. Denn selbst wenn die Westmächte ernsthaft eine Vierer-Konferenz gewollt hätten, so doch einzig und allein zu dem Zwecke, um möglichst rasch zu demonstrieren, daß an dem Angebot Stalins nichts dran sei und daß man baldmöglichst mit den Verhandlungen über die Westverträge fortfahren sollte – eine Zielrichtung, die auch Steininger nicht bestreitet. Wie kann man aber in einer solchen Veranstaltung (die aufs Haar allen Vierer-Konferenzen der fünfziger Jahre geglichen hätte, für die die Westmächte stets von allen oppositionellen Gruppen scharf kritisiert wurden) einen erstzunehmenden Versuch sehen, die sowjetischen Verhandlungsziele »auszuloten«?

Ähnliches gilt auch für die von Steininger hochgespielte Überlegung des amerikanischen Außenministers Dean Acheson vom Ende April, ob man der Stalin-Note »offensiv« mit dem Vorschlag begegnen solle, daß die vier Hohen Kommissare oder ihre Vertreter in Berlin zu Gesprächen zusammenkommen könnten. Dabei könne es, mit den Worten Achesons, nur darum gehen, »die Unaufrichtigkeit der Sowjets zum frühestmöglichen Zeitpunkt bloßzulegen«. Auf keinen Fall dürfe jedoch dadurch die Unterzeichnung der Verträge gefährdet werden. Adenauer hat diesen Gedanken nach 24stündiger Überlegung am 3. Mai als Fehler bezeichnet und von seiner Verwirklichung abgeraten: mit guten Gründen, denn er wies alle Nachteile eines halbherzigen Entschlusses auf. Wenn er bezweckte, vor allem die öffentliche Meinung in Deutschland zu beeindrucken, dann konnte dies mit einem Berliner Gespräch der Vier Hohen Kommissare – oder gar nur ihrer Stellvertreter! – kaum erreicht werden, zumal wenn dabei sichtbar wurde, daß es sich nur um eine Alibi-Veranstaltung handelte. Sicherlich aber hätte sie ausgereicht, um allen Gegnern des EVG-Vertrages genügend Munition zu liefern, um den Abschluß der Verhandlungen solange hinauszuzögern, bis einige westliche Regierungen kalte Füße bekamen – was in Frankreich gar nicht lange hätte dauern müssen.

Man kann nur hoffen, daß Steininger die von ihm offen gelassenen Fragen eines Tages noch beantwortet, insbesondere die Kernfrage, die den Titel seiner Publikation berührt: worin denn eigentlich die »vertane Chance« bestanden haben soll. Eine plausible Erklärung dafür, warum dieser Titel einmal mit und einmal ohne Fragezeichen erscheint, liefert auch sein letzter Artikel nicht.

Schuldig bleibt er auch den Beweis für seine Behauptung, Adenauer habe die Wiedervereinigung auch dann nicht gewollt, wenn sie ohne Neutralisierung zu haben gewesen wäre. Warum seine Entscheidungen »moralisch anfechtbarer« gewesen sein sollen, als etwa die Entscheidung über die Ostverträge, bedürfte ebenfalls noch einer Begründung. Sie dürfte schwer zu erbringen sein.

Moralische Bewertungen sind im übrigen in beiden Fällen fehl am Platze. Sie können nur die politische Atmosphäre vergiften.

Um meinerseits nichts unbeantwortet zu lassen: Auf die an mich gerichtete Frage »Was denn wohl ein akzeptables Angebot gewesen wäre«, gibt es leider nur eine sehr eindeutige Antwort: es gab kein für alle Beteiligten – Deutsche, Russen, Westmächte – akzeptables Angebot. Und es gibt ein solches auch heute nicht. Das ist ja das Dilemma der deutschen Frage.

Offenheit der deutschen Frage nur für eine ferne Zukunft

Adenauer hat ein neutralisiertes Deutschland zwischen Ost und West für unakzeptabel gehalten und hat alle darauf hinzielenden diplomatischen Schritte bekämpft. Das Gleiche gilt für alle Formen der Wiedervereinigung, die die Freiheit und die demokratische Staats- und Gesellschaftsordnung in Westdeutschland gefährdet hätten. In beiden Fällen waren Regierungs- und Oppositionsparteien sowie die öffentliche Meinung in ihrer ganz überwiegenden Mehrheit der gleichen Ansicht.

Aus diesen beiden Motiven ergibt sich sein Verhalten im Jahre 1952. Man darf nicht zulassen, daß daraus eine neue Dolchstoßlegende konstruiert wird, die den ersten Kanzler der Bundesrepublik für das Scheitern der Wiedervereinigung in seiner Regierungszeit verantwortlich macht.

Auf meine in diesem Zusammenhang geäußerte Vermutung, daß Adenauer die deutsche Frage für eine fernere Zukunft und unter anderen Bedingungen offenhalten wollte, reagiert Steininger, nicht ohne einen höhnischen Unterton, das müsse »schon eine sehr ferne Zukunft gewesen« sein und es falle nach Lektüre der Akten schwer, daran noch zu glauben. Man kann ihm nur raten, nichts in die Akten hineinzulesen, was er dort unbedingt finden möchte, damit sein Weltbild mitsamt der Chimäre von der »vertanen Chance« unbeschädigt bleibt. Angesichts des aus der heutigen Weltlage folgenden Dilemmas, das die deutsche Frage blockiert, kann man diese in der Tat nur für eine »sehr ferne« Zukunft offenhalten.

Die Kapitel dieses Buches beruhen auf folgenden Vorgängen:

Kapitel 1
Vortrag in Mainz am 17. 4. 1980: »Die außenpolitische Lage Deutschlands am Beginn der achtziger Jahre«; aus Studien zur Deutschlandfrage, hrsg. vom Göttinger Arbeitskreis, Bd. 5, 1982, S. 7 ff.

Kapitel 2
Referat im Arbeitskreis III der 24. Bundestagung des Evangelischen Arbeitskreises der CDU/CSU. 13.–15. Juni 1980 – Wolfsburg

Kapitel 3
FAZ vom 10. März 1982.

Kapitel 4
FAZ vom 22. Mai 1982

Kapitel 5
FAZ vom 24. Oktober 1983 nach einem Vortrag beim »Kuratorium Unteilbares Deutschland«, Münster i. W., 16. Juni 1983.

Kapitel 6
Aus einem unveröffentlichten Vortrag vor der Deutschen Gesellschaft für Osteuropa-Kunde, Bonn, 10. Oktober 1984, vor der Stresemann-Gesellschaft, Mainz, 10. Mai 1985, im Studium Generale der Univ. Freiburg, 29. Januar 1985, vor der Gesellschaft für Wehrkunde in Oldenburg am 24. April 1986.

Kapitel 7
Deutschlandvertrag, westliches Bündnis und Wiedervereinigung. Studien zur Deutschlandfrage, hrsg. vom Göttinger Arbeitskreis, Bd. 9 (1985), S. 8 ff. Vortrag in Mainz, 26. 4. 1984; Vortrag im »Studium Universale« der Universität Bonn (»Die Jahre der Entscheidung«) am 28. 1. 1985.

Kapitel 8
Deutsche Frage und Westbindung. Forschungsbericht 53, hrsg. im Auftrag der Konrad-Adenauer-Stiftung von Klaus Weigelt. 1986, S. 89ff. (Referat auf einem Symposium der Politischen Akademie der Konrad-Adenauer-Stiftung in Cadenabbia, 30. Oktober 1985.)

Kapitel 9
Aus einem (im September 1984 abgeschlossenen) Beitrag zu dem Sammelwerk »Weltpolitik«, hrsg. v. K. Kaiser u. H. P. Schwarz, 1985. (Die Außenpolitik der Bundesrepublik Deutschland, S. 301 ff.)

Kapitel 10
DIE WELT vom 7. April 1986.

Kapitel 11
Die politische Meinung, Herbst 1986.